김형제의
이미지 잉글리시

김형제의 이미지 잉글리시

지은이 김도영·김석영
펴낸이 안용백
펴낸곳 (주)넥서스

초판 1쇄 인쇄 2016년 6월 1일
초판 1쇄 발행 2016년 6월 15일

출판신고 1992년 4월 3일 제311-2002-2호
04044 서울시 마포구 양화로 8길 24
Tel (02)330-5500 Fax (02)330-5555

ISBN 979-11-5752-834-9 13740

저자와 출판사의 허락 없이 내용의 일부를
인용하거나 발췌하는 것을 금합니다.
저자와의 협의에 따라서 인지는 붙이지 않습니다.

가격은 뒤표지에 있습니다.
잘못 만들어진 책은 구입처에서 바꾸어 드립니다.

www.nexusbook.com

김형제의 이미지 잉글리시

김도영 · 김석영 지음

It's a real shame.

넥서스

서문

혹시 Watch your language.라는 말 들어 보셨나요?

원어민이 자주 쓰는 표현으로, 영어권 국가의 드라마나 영화에서도 많이 들을 수 있는 문장입니다. 한국어로 직역하면 '너의 언어를 시청해라.'가 되는데, 얼핏 들어서는 무슨 뜻인지 전혀 알 수가 없습니다. 이 표현은 '말조심해.'라는 뜻으로, 잘 생각해 보면 어려운 단어가 전혀 없고 몇 번 들으면 누구나 다 쉽게 따라 할 수 있는 문장입니다.

오랜 이민 생활을 마치고 한국으로 들어와서 접한 한국 영어의 수준은 상당히 높은 편이었습니다. 하지만 실생활에서 자주 사용하는 간단한 표현조차 어려워하는 분들이 너무 많다는 것을 깨달았습니다. 원어민과 대화를 하기 위해서 어려운 독해 책을 붙잡고 씨름하는 경우도 많이 보았고요. 그런데 사실 원어민이 실제 사용하는 단어와 문장, 문법은 복잡하지 않습니다.

사람들이 일상에서 사용하는 문장의 주제는 한정되어 있는데, 이는 외국인도 마찬가지입니다. 매일 비슷한 일과를 보내므로 같은 말을 반복적으로 사용하게 되죠. 따라서 실생활에서 많이 접하는 문장을 익히는 것으로 회화 공부를 하는 것이 좋습니다.

하지만 한국의 영어 책들은 바른말, 고운 말, 공손한 표현, 긍정적인 이야기를 주로 다루고, 현지인들이 사용하는 은어나 비속어를 모두 배제시키곤 합니다. 더 직설적으로 얘기하자면 한국인이 학교나 학원에서 배우는 영어는 현지에서 거의 사용하지 않는 딱딱한 표현들입니다.

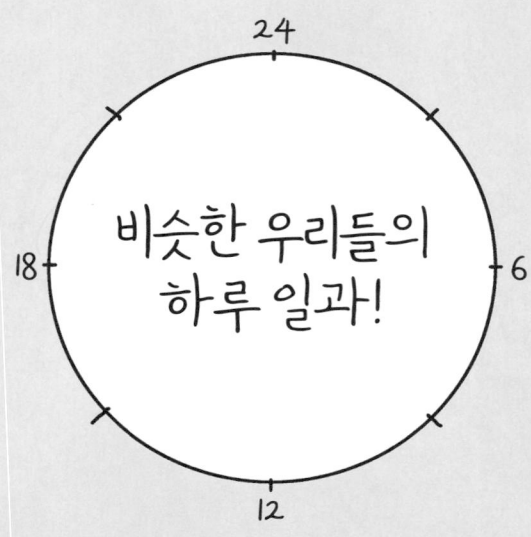

이 책은 우리가 일상에서 흔히 접하는 상황들을 주제로 하여 외국의 문화를 직접 체험하지 않더라도 현지인들이 자주 사용하는 표현을 배울 수 있도록 했습니다. 현지인들이 사용하는 영어표현을 익살스러운 그림과 함께 더 재미있게 배워 보세요!

**Special thanks to
Kevin "PIGEONHAVOC" Song, Janice Lee, Jason Hong**

이 책의 구성

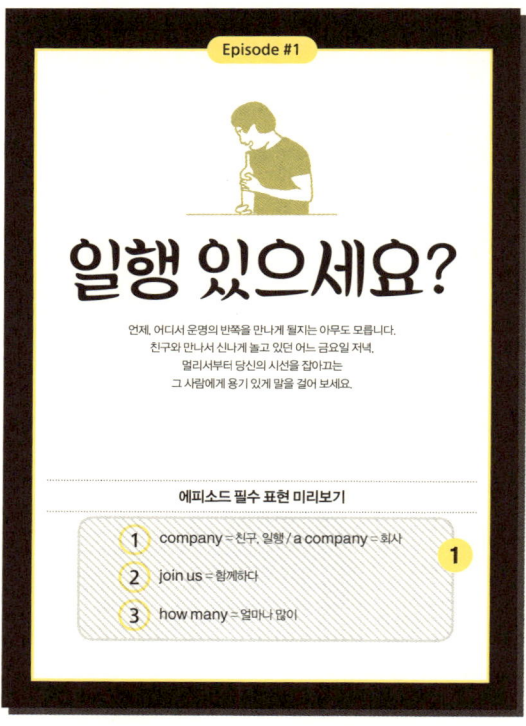

1 **에피소드 필수 표현 미리보기**
이야기에 나오는 핵심 단어나 표현을 먼저 살펴봅시다.
모르는 단어 없이 술술 읽을 준비 되셨나요?

2 Real Pronunciation
한글만 따라 읽어도 원어민 뺨치는 발음이 나옵니다.

3 Q&A Section
학습자들이 많이 궁금해 하는 내용들만 쏙쏙 뽑아 정리했습니다.

4 복습 톡톡
영어회화 배워서 어디에 써먹냐고요? 실전에서 사용하는 예시를 보며 복습까지 한번에 하세요!

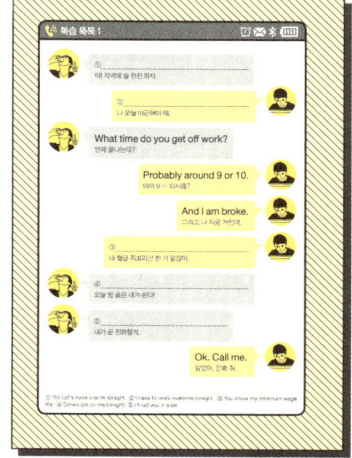

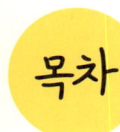
목차

Season 1

Episode #01	일행 있으세요?	16
Episode #02	네 이상형이 뭐야?	21
Episode #03	정말 아쉽다	26
Episode #04	오늘 월급날이야!	31
Episode #05	신분증 좀 볼 수 있을까요?	36
Episode #06	짝사랑	41
Episode #07	이따가 전화할게	46
Episode #08	음식 언제 나와요?	51
Episode #09	한도 초과 됐어	56
Episode #10	오늘 술 쏜다!	61

📞 복습 톡톡 66

Season 2

Episode #11	휴대폰 좀 빌려 줄래?	70
Episode #12	나한테 화났어?	75
Episode #13	건망증이 너무 심해	80
Episode #14	핑계 대지 마	85
Episode #15	내 입장에서 생각해 봐!	90
Episode #16	너무 칠칠맞아	95
Episode #17	넌 해고야	100
Episode #18	돈 좀 빌려 줘	105
Episode #19	입술 부르텄어	110
Episode #20	말조심해	115
복습 톡톡		120

Season 3

Episode #21	정주행 할 거야	124
Episode #22	요즘 어떤 영화가 유행해?	129
Episode #23	카드 받으세요?	134

Episode #24	너 향수 뿌렸어?	139
Episode #25	한 모금 마셔 봐도 돼?	144
Episode #26	나 발목 삔 것 같아	149
Episode #27	벌써 피곤해	154
Episode #28	오버 좀 하지 마	159
Episode #29	바람이나 좀 쐬러 가자	164
Episode #30	늘 만나는 곳에 있어	169

복습 톡톡 ········· 174

Season 4

Episode #31	손가락 베었어	178
Episode #32	진절머리가 나!	183
Episode #33	체했어!	188
Episode #34	폭풍흡입했어	193
Episode #35	컵에 이가 빠졌어요	198
Episode #36	내 것 뺏어 먹지 마!	203
Episode #37	끝 맛이 쓰다	208

Episode #38	너 진짜 치사하다	213
Episode #39	옆 테이블이 시킨 거 뭐예요?	218
Episode #40	다리에 쥐났어	223
복습 톡톡		228

Season 5

Episode #41	걔는 맨날 말만 잘해	232
Episode #42	거짓말하지 마!	237
Episode #43	컴퓨터가 또 멈췄어	242
Episode #44	잠깐 잠들었어	247
Episode #45	부탁 좀 들어줄래?	252
Episode #46	혼자 있게 내버려 둬!	257
Episode #47	너무 복잡해	262
Episode #48	나 입 무거워	267
Episode #49	뭐가 이렇게 오래 걸려?	272
Episode #50	맨날 잔소리만 해	277
복습 톡톡		282

김형제의
이 미 지
잉글리시

Season 1

Episode #1

일행 있으세요?

언제, 어디서 운명의 반쪽을 만나게 될지는 아무도 모릅니다.
친구와 만나서 신나게 놀고 있던 어느 금요일 저녁,
멀리서부터 당신의 시선을 잡아끄는
그 사람에게 용기 있게 말을 걸어 보세요.

에피소드 필수 어휘 미리보기

(1) company = 친구, 일행 / a company = 회사

(2) join us = 함께하다

(3) how many = 얼마나 많이

Do you have company?

일행 있으세요?

[두유해ㅂ 컴패니?]

ID 왕따아님
Do you have a company?는 틀려요?

ID 김형제
a가 붙으면 '너 회사 있어?'가 되어 버립니다. 물론 진짜 회사 사장님에게 이렇게 물어볼 수도 있겠지만, 이건 매우 특수한 경우겠죠?

합석하실래요?

Would you like to join us?

저희랑 합석하실래요?

[우-쥬 라익투조인ㅓㅆ?]

ID 늑대
join with us는 안 되나요?

ID 김형제
join us를 써야 '우리 일행과 함께 놀자'가 되고 with를 넣으면 '우리가 하는 행동을 따라 해라'라는 말이 됩니다.

몇 분이서 오셨는데요?

How many friends are you with?

몇 분이서 오셨는데요?

[하우매니 쁘랜즈알ㅠ위드?]

ID psy
How many?라고만 물어보면 안 되나요?

ID 김형제

대화의 흐름과 상황에 따라서 가능하겠지만, 낯선 사람이 다짜고짜 '몇 명?' 하고 묻는다면 상대방은 슬금슬금 피하겠죠?

3명이에요

We have 3 people.

3명이서 왔습니다.

[위해ㅂ뜨리 피-플]

ID 닝겐
people 말고 persons도 본 적이 있는 것 같아요.

ID 김형제
정확한 숫자를 나타낼 때는 persons라고 하기도 하지만, 흔히 사용되는 표현은 아닙니다.

Episode #2

네 이상형이 뭐야?

많은 사람들은 자신을 닮은 이성에게 끌린다고 하는데요.
지금 가장 생각나는 사람이
여러분의 이상형이 아닐까요?

에피소드 필수 표현 미리보기

① **ideal type** = 이상형

② **low standard** = 낮은 기준점

③ **specific** = 자세한

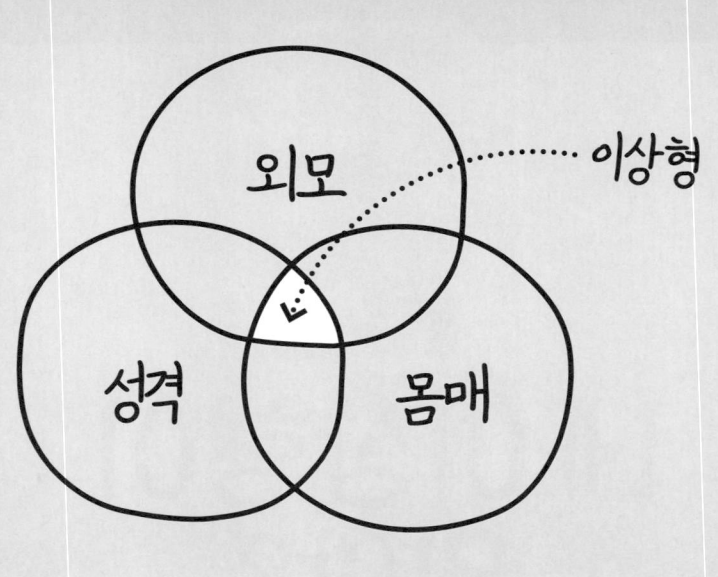

What's your ideal type?

네 이상형이 뭐야?

[왙츄얼 아ㅣ디을 타잎?]

ID 희망
여기서 ideal type은 이성에 대한 이상형만 이야기하는 겁니까?

ID 김형제
아닙니다. ideal은 '이상적인', type은 '유형'이라는 뜻입니다. '가장 이상적인 유형이 뭐냐'고 묻는 이 말은 이성뿐만 아니라 다른 분야에서의 취향을 물을 때도 쓸 수 있습니다.

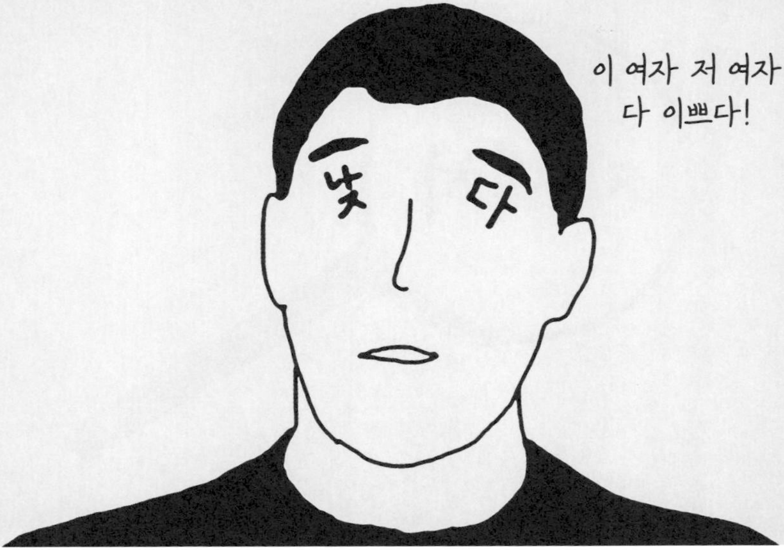

이 여자 저 여자 다 이쁘다!

I have low standards.

나 눈이 낮아.

[아ㅣ해브로ᅮ스탠달지]

ID 다조아
standard는 무슨 뜻이에요?

ID 김형제
standard는 '기준'이라는 뜻이고, low standard라고 하면 '낮은 기준점'이라는 뜻이 됩니다. '낮은 기준점을 가지고 있다'는 건 '눈이 낮다'는 의미겠죠.

Be more specific.

자세히 말해 봐.

[비 모얼ㅅ페씹힉]

ID 드래곤

be 대신 '말하다'라는 뜻의
say나 speak, tell을 쓰면 안 되나요?

ID 김형제

「Be+동사」의 구문은 지시하거나 권장할 때 사용합니다. Be more specific.을 직역하면 '더 자세하게 되어라'인데, 이것이 '자세히 말해 봐'라는 의미로 사용되는 것입니다. 따라서 be 대신 '말하다'라는 뜻의 동사를 쓸 수 없습니다.

나는 아무 생각이
없다
그러므로
아무 생각이 없다

I have not really thought about it.

생각해 본 적이 없어.

[아ㅣ해ㅂ낱 리얼리 따옽ㅓ바ㅜ릩]

 ID 데카르트
I didn't think about it. 이라고 하면 안 되나요?

ID 김형제

가능하지만 '과거부터 지금까지'라는 시간적 문맥을 설명하기 위해서 현재완료 시제를 사용했습니다. I didn't think about it.은 '그것에 대해서 생각 안 했어.'라고 해석할 수 있습니다.

Episode #3

정말 아쉽다

맛있는 뷔페에 가서 배가 터질 때까지 먹고 나서도
나중에 그 음식들이 다시 생각나서
'더 먹을 걸' 하고 아쉬울 때가 있죠?

에피소드 필수 표현 미리보기

1. full = 꽉 찬
2. It's a shame. = 아쉽다.
3. out of this world = 이 세상의 것을 초월한

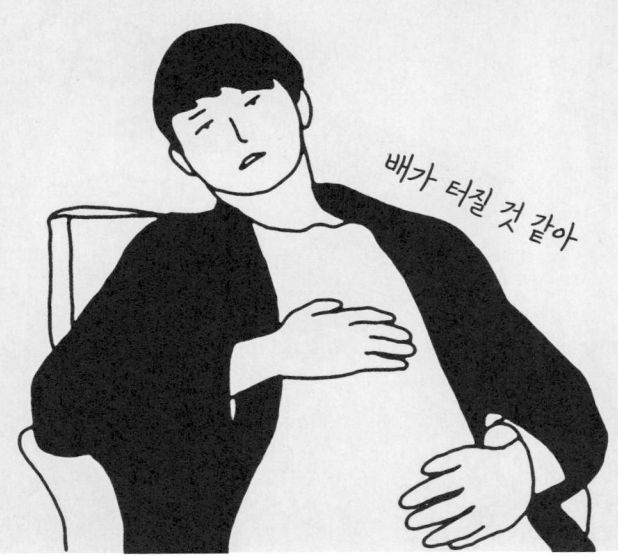

I feel uncomfortably full.

너무 배불러.

[아ㅣ삘-언컴보러블리 뿔]

ID june
'배가 부르다'는 표현에 왜 '배(stomach)'라는 단어가 없나요?

ID 김형제

배가 불러서 더 이상 음식을 위에 못 넣는 것을 full이라고 표현합니다. 위가 음식물로 가득 찼다는 얘기죠. 불편할 정도로 과식했다고 표현하기 위해 uncomfortably와 함께 썼습니다.

아오

It's a real shame.

진짜 아쉽다.

[잍ㅊㅓ리얼셰임]

ID Kelly

shame은 '망신', '수치심', '무안'이라는 뜻 아닌가요?

ID 김형제

맞습니다. 하지만 '현재 상황이 원하는 만큼 잘 풀리지 않아서 아쉽다'는 의미로 사용할 수도 있답니다. 영어권 사람들은 무언가가 생각한 만큼 잘 풀리지 않을 경우 수치심을 느낀다고 생각하나 봅니다.

There's still so much to eat.

아직도 먹을 게 많은데.

[데얼ㅈ ㅅ틸 쏘머치ㅣ 투잍-]

 ID 고기조아
There's는 There has인가요, There is인가요?

ID 김형제
여기에서는 There is의 줄임말입니다.

The foods in this buffet are out of this world.

여기 뷔페 음식 끝내준다.

[더 푸-ㅈ인디ㅅ버페-ㅌ ㅏ웉ㅗㅂ디ㅅ워얼드]

ID 뷔페사장

out of this world가 왜 '끝내준다'는 의미가 되는 건가요?

ID 김형제

이 세상에 존재하지 않는다는 건 그만큼 대단하다는 의미겠죠. 바꿔 말해 '끝내준다'고 표현할 수 있습니다.

Episode #4

오늘 월급날이야!

한 달에 하루. 매달 기다려지는 바로 그날!
바로 월급날입니다.
비록 돈이 들어오자마자 나가는 곳이 너무 많지만,
언제나 기다려지는 날이기도 합니다.

에피소드 필수 표현 미리보기

1. broke = 돈이 없는, 무일푼의

2. payday = 월급날

3. minimum wage = 최저 임금

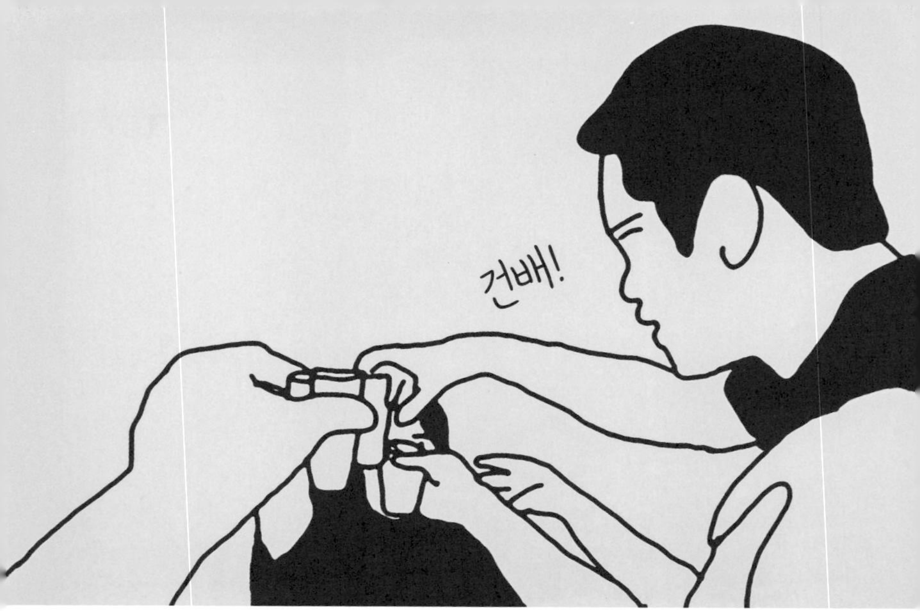

건배!

Yo! Let's have a drink tonight.

야! 저녁에 술 한잔 하자.

[요! 렡ㅊ해ㅂㅓ드링ㅋ투나잍]

 ID 술친구
Yo!는 어떨 때 써요??

ID 김형제
Yo! That's a good question. Yo!는 가까운 사이의 상대방을 부를 때 사용합니다. 공적인 관계일 경우에는 사용하지 않습니다. 직장 상사에게 쓰면 절대 안 돼요!

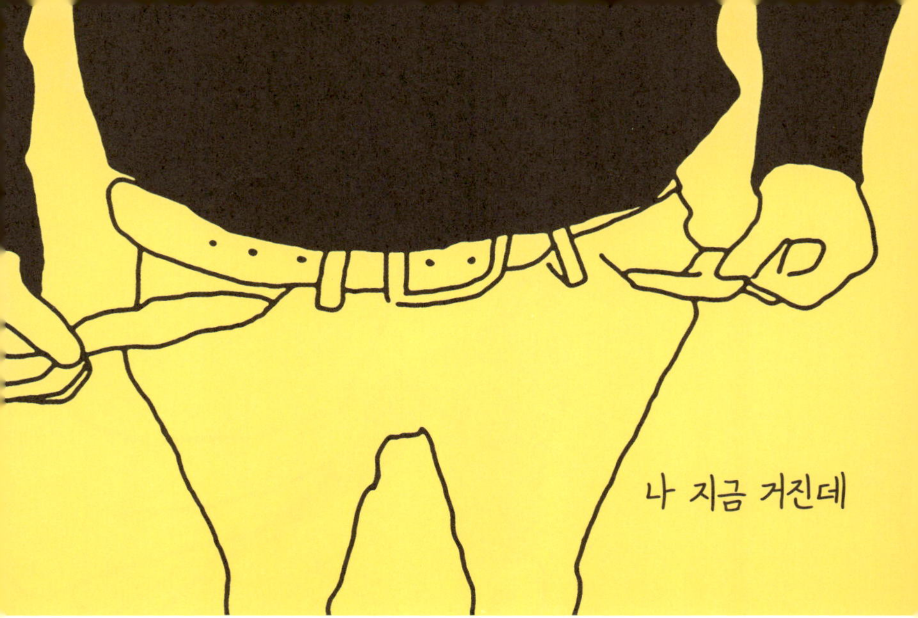

Uh... I am broke.

어… 나 지금 거진데.
[어… 아이 앰 브로크]

ID 짠돌이
broke는 break의 과거분사 형태인가요?

ID 김형제
이 문장에 쓰인 broke는 '무일푼의'라는 의미의 형용사입니다. break(부러지다)의 과거분사형인 broke는 보통 '부러졌다', '망가졌다'라는 의미로 쓰입니다. '재정 상태가 망가졌다.'라고 연상하면 쉽게 외우실 수 있겠죠?

You know my minimum wage life.

내 월급 쥐꼬리만 한 거 알잖아.

[유노 마ㅣ 미니멈 웨ㅣ지 라ㅣㅍ]

ID 마우스
최저 임금을 받는 사람뿐만 아니라 월급이 적은 사람에게도 minimum wage life라고 쓰는 건가요?

ID 김형제
정확하십니다! My salary is very low.(내 월급이 적다.)라고 직접적으로 표현할 수도 있지만, 실제 원어민들이 월급이 적다고 할 때 위의 표현을 자주 씁니다.

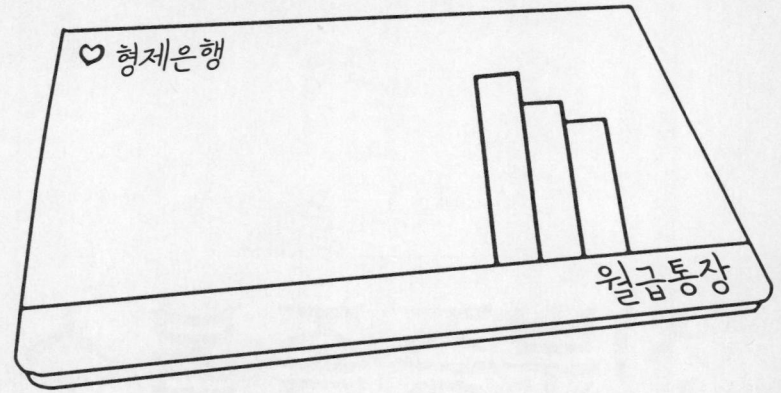

Don't worry, dude! Today is my payday.

걱정 마! 오늘은 내 월급날이야.

[돈워리 듀ㄷ! 투데이ㅈ 마ㅣ 패ㅣ데ㅣ]

 ID 사이버머니

dude는 뭔가요? man~이랑 비슷한 건가요?

ID 김형제

네, 맞습니다. 조금 격식 없는 표현으로 가까운 사람에게 사용할 수 있습니다. Don't worry, dude!의 뉘앙스를 살려서 번역하면 '인마, 걱정하지 마!' 정도가 되겠습니다.

Episode #5

신분증 좀 볼 수 있을까요?

사람들이 모였을 때 '술'이 빠지지 않죠?
보통 외국에서는 술을 살 때 신분증 검사를 거치게 됩니다.
세계 여러 나라들이 다민족 사회를 이루고 있어서
얼굴만으로는 나이를 짐작하기 어렵기 때문이죠.

에피소드 필수 표현 미리보기

1. ID = (보통 사진이 있는) 신분증
2. resemble = 닮다
3. another piece of ID = 다른 신분증

Can I see your ID?

신분증 좀 볼 수 있을까요?

[캔아ㅣ 씨뮤얼 아ㅣ디?]

ID 영맨
ID는 무엇의 약자인가요?

ID 김형제
ID는 Identity card 또는 Identification의 약자입니다. '신분증', '신분증명서'라는 뜻이지요.

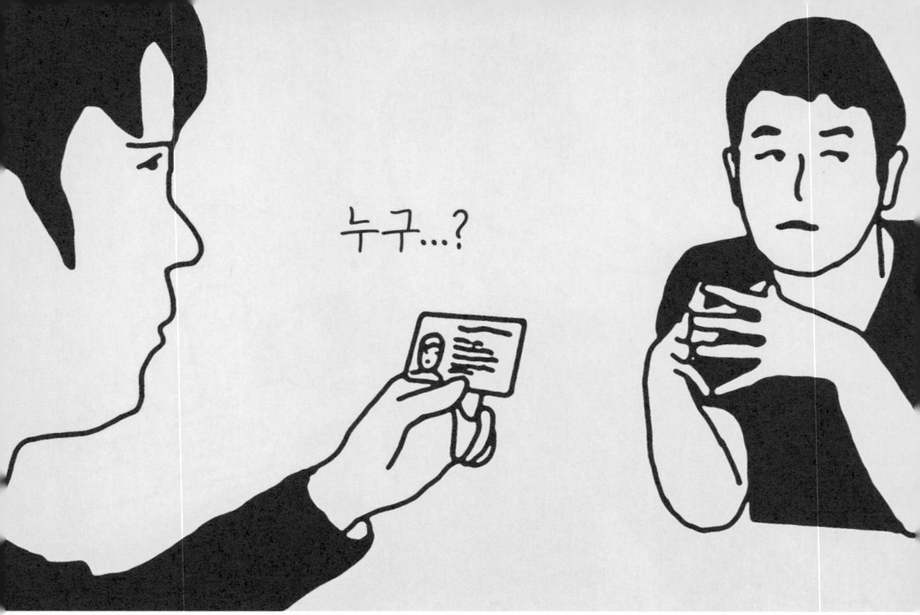

I'm sorry, it doesn't resemble you.

죄송하지만 닮아 보이지 않네요.

[아임쏘릐, 잍더즌ㅌ리젬블유]

ID 성형미인

실제로 외국인들이 동양인들 얼굴을 구분하지 못하나요?

ID 김형제

구분을 잘 하지 못하거나 동양인은 모두 어려 보인다고 합니다. 우리가 서양인들의 출신국을 구분하지 못하는 것과 마찬가지입니다. 물론 동양인 친구가 다수 있거나 특징을 유심히 살펴보는 사람은 동양인의 얼굴도 쉽게 구분을 하지요.

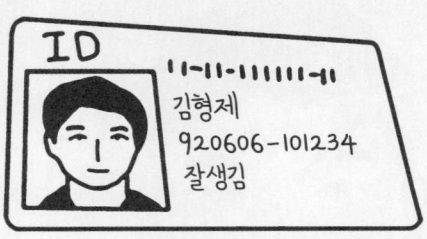

Do you have another piece of ID with you?

다른 신분증을 소지하고 계신가요?

[두유해ㅂ 앤ㅓ덜피ㅆㅗㅂ아ㅣ디 위ㄷ유?]

ID bae
ID 앞에 붙은 piece of는 무슨 뜻이에요?

ID 김형제

연필은 '~자루', 두부는 '~모'처럼 사물의 수를 세는 단위가 있죠?
신분증은 대부분 카드의 일종이므로 piece로 셉니다.

What is your date of birth?

생년월일이 어떻게 되세요?

[왙이ㅈㅠ얼대잎ㅗㅂ뻘ㅆ?]

ID 알라봉
birthday와 date of birth의 차이가 뭔가요?

ID 김형제
birthday는 흔히 우리가 말하는 매년 돌아오는 '생일'입니다. 하지만 date of birth는 '태어난 날' 단 하루입니다. 따라서 신분증을 볼 때에는 date of birth를 확인하는 것입니다.
date of birth = 생년월일 / birthday = 생일(매년 오는 날)

Episode #6

짝사랑

누구나 한 번쯤은 해 보았을 짝사랑!
혹시 좋은 추억으로 남았나요?
아니면 아직도 진행 중이신가요?
짝사랑하는 모든 사람에게 좋은 결과가 있기를 바랍니다.

에피소드 필수 표현 미리보기

1. be in love with ~ = ~와 사랑에 빠지다

2. crush = 짝사랑

3. gorgeous lady = 매력적인 여성

She has been in love with her crush.

그녀는 짝사랑 중이야.

[쉬해ㅅ빈-인러ㅂ 위ㄷ헐ㅋ러쒸]

ID 9999
짝사랑 중인 저에게 조언 한 마디만 해 주세요.

ID 김형제
짝사랑은 최대한 짧게 하는 것이 이상적이라고 생각합니다. 짝사랑을 오래 하면 삶이 무기력해지고 9999님의 미래가 crushed(부서지다, 밟아 으깨지다)되어 없어질 수 있습니다. 안 하는 게 제일 좋아요.

She was stalking his facebook profile.

그녀는 그의 페이스북을 염탐하고 있었어.

[쉬워ز 스토킹히ز빼ㅣ 쓰북 프로퐈일]

ID 미련
stalking은 범죄 행위를 말하는 것 아니에요?

ID 김형제

법으로 처벌받는 심한 스토킹 말고도 흠모하는 대상의 사회관계망을 염탐하는 부끄러운 습관도 가볍게 스토킹이라고 표현합니다.

흑흑 ㅠㅠ
흑흑흑 ㅠㅠㅠ

Her crush likes someone else.

그녀의 짝사랑은 다른 사람을 좋아해.

[헐ㅋ러쒸 라잌ㅅ썸원ㅐ얼씨]

ID 흑흑
else를 꼭 붙여야 하나요?
그냥 someone 하고 끝내면 안 되나요?

ID 김형제
Her crush likes someone.이라고 하면 '그녀의 짝사랑은 그녀가 아닌 다른 누군가를 좋아한다.'라는 의미가 됩니다. else가 없다면 누구를 좋아하는지는 본인만 알기 때문에 '그녀'에게도 아직 희망이 있는 겁니다. 서로 좋아하는데 모를 수도 있으니까요!

누구지 이 여자는?

Who is that gorgeous lady?

저 아리따운 여인은 누구지?

[후 이ㅈ댙 골지ㅓㅅ 래ㅣ디?]

ID +_+

gorgeous는 pretty와 같은 의미인가요?

ID 김형제

아니요, gorgeous는 '최고인', '아름다운'이라는 의미로, pretty보다 훨씬 강한 어감을 내포합니다. 예전에 밴쿠버 동계올림픽에서 한국의 피겨 퀸 김연아 선수가 점프를 구사한 순간 캐나다 측 해설 위원이 침묵을 깨고 큰 소리로 Gorgeous!라고 외쳤답니다.

Episode #7

이따가 전화할게

어제도 야근! 오늘도 야근! 내일도 야근!
그렇습니다. 야근은 한국인의 일상입니다.
계속된 야근으로 피로가 풀릴 생각을 안 하네요.
때로는 가족들과 통화하는 것조차 피곤할 때가 있어요.

에피소드 필수 표현 미리보기

1. **tied up with work** = 업무에 묶여 있다

2. **work overtime** = 야근하다, 초과 업무를 하다

3. **in a little bit** = 조금 후에

I am tied up with work.

일이 너무 바빠.

[아ㅣ앰 타ㅣㄷ엎위ㄷ월ㅋ]

 ID 미생

tied up은 '~에 묶여 있다'라는 뜻이던데요.

ID 김형제

맞습니다! 위 문장을 직역하면 '나는 지금 일에 묶여 있다.'로, 일이 바쁘다는 의미입니다. 업무를 마무리하기 전까지 퇴근이 힘들 경우에 쓰는 것이 가장 적절합니다.

Don't wait up.

기다리지 마.

[돈ㅌ웨잍엎]

ID Wife
그냥 Don't wait.이라고 하면 안 되나요?

ID 김형제
그냥 '기다리지 마.'라고 할 때는 Don't wait.이지만, 야근을 하고 늦게 들어가는 상황에서는 깨어 있는 상태로 기다리지 말라는 뜻으로 up을 붙인 것입니다.

I have to work overtime tonight.

나 오늘 야근해야 해.

[아ㅣ해ㅂ투월크ㅗ벌타임 투나잍]

ID 신입사원

외국에도 야근이 자주 있나요?

ID 김형제

다른 나라는 잘 모르겠지만, 미국이나 캐나다에는 야근이 있습니다. 한국과 다른 점은 회사에 따라 야근하는 시간만큼 수당이 1.5배~3배로 지급되는 경우가 많다는 것입니다.

부장님이 부른다
끊는다!

I'll call you in a bit.

내가 곧 전화할게.

[아윌콜ㅠ 인어빝]

ID BeOn

in a bit이라고 하면 얼마나 긴 시간인가요?

ID 김형제

정해진 기준이 없기 때문에 사람마다 다릅니다. 제 기준으로 제가 기다릴 때는 10분, 제가 시간이 필요할 때는 20~30분? ㅋㅋㅋ

Episode #8

음식 언제 나와요?

딱 정해진 시간 안에 음식을 먹어야 하는 점심시간!
그런데 음식이 안 나오고 있어요.
주문은 한참 전에 했는데 말이죠.
점심시간을 놓치면 너무 배가 고프니 물어봐야겠죠?

에피소드 필수 표현 미리보기

1. **not come out yet** = 아직 안 나오다
2. **not in yet** = 아직 ~ 아닌
3. **cancel** = 취소하다

언제 나와…

My order hasn't come out yet.

주문한 게 아직도 안 나왔는데요.

[마ㅣ올덜 해즌ㅌ컴ㅏ옽옡]

ID 배고파

order 발음이 '올덜'이면 너무 굴린 거 아닌가요?

ID 김형제

전혀 과하지 않습니다. r 발음을 어떻게 하냐에 따라 '올덜'과 '오-더'로 나눌 수 있는데, '올덜'은 미국식 발음에 가깝고 '오-더'는 영국식 발음에 가깝습니다.

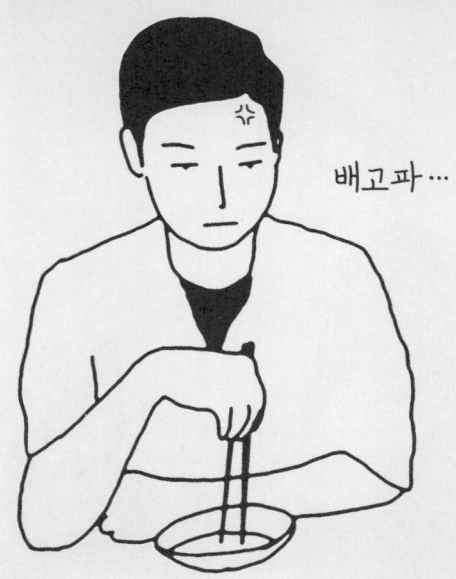

Is my order almost ready?

제가 주문한 거 거의 준비되었나요?

[이ㅈ마ㅣ올덜 얼모ㅅㅌ뤠디?]

ID 소심이
저렇게 물어보면 종업원이 기분 상해하진 않을까요?

ID 김형제

같은 질문도 목소리 톤과 표정에 따라 전혀 다른 뉘앙스를 줄 수 있듯이, 표정과 목소리 톤을 부드럽게 하며 물어보면 종업원이 '금방 확인해 드리겠습니다.'라고 웃는 얼굴로 대답할 것입니다.

It seems my order is not in yet.

주문이 아직 안 들어간 것 같네요.

[잍씸-ㅅ 마ㅣ올덜이ㅈ낱인옡]

ID 김형제

문장 마지막에 들어간 yet은 not과 같이 사용되어 '아직 ~하지 않았다'라는 뜻으로 씁니다.

I would like to cancel my order, please.

제가 주문한 거 취소해 주세요.

[아이 우-드 라잌투 캔쓸마이 올덜, 플리지]

ID 노노노

I would like to는 '~하고 싶다'는 말 아닌가요?
뒤에 please를 붙이나요?

ID 김형제

'~하고 싶다'이지만 그것을 본인 마음대로 할 수 있는 것이 아니라 타인이 행동을 취해야만 원하는 것을 이룰 수 있는 상황입니다. 이런 경우엔 I would like to는 '~해 주세요'라는 뜻으로 볼 수 있고, 뒤에 please(제발)를 붙여야 자연스럽습니다.

Episode #9

한도 초과 됐어

한눈에 반해서 여러 번 데이트를 했던 소개팅녀!
다 좋은데, 돈을 한 번도 내지 않더군요.
어느 날 소개팅녀와 밥을 먹고 계산을 하는데
'한도 초과입니다.'
혹시 이런 경험 있으신가요?

에피소드 필수 표현 미리보기

1 max out = 한도에 이르다

2 never spend a dime on me
= 나에게 10원 한 장 안 쓰다

3 gold digger = 된장남 / 된장녀

I maxed out my credit card.

신용 카드 한도가 초과됐어.

[아이맥쓰다욷 마이 크레딭칼드]

ID 은행원

'신용 카드' 말고 '체크 카드'는 뭐라고 하나요?

ID 김형제

'체크 카드'는 bank card 또는 check card라고도 하는데, debit card라는 말을 가장 많이 사용합니다.

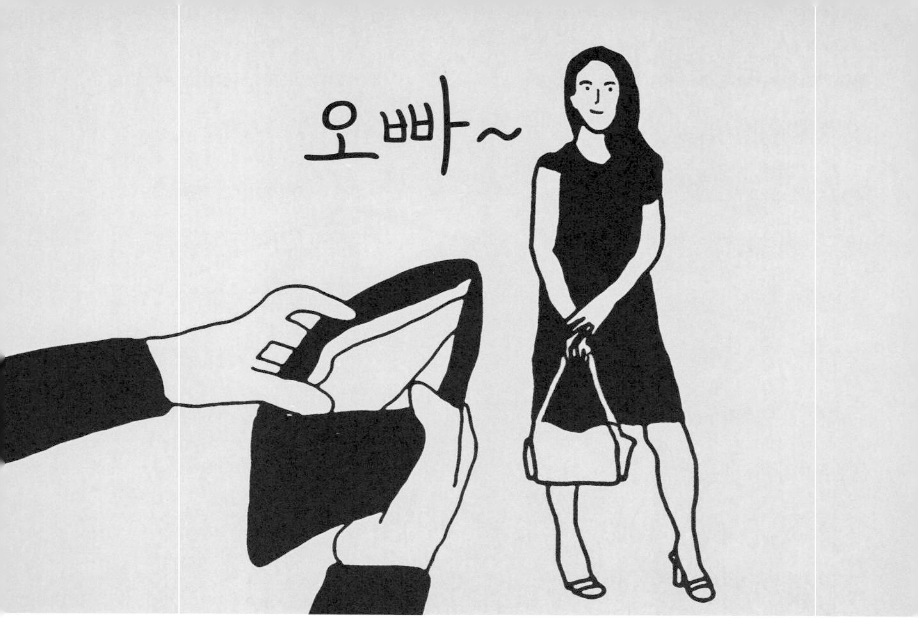

I spent all my money on her.

그녀에게 돈을 다 썼어.

[아 | ㅅ펜ㅌ올마 | 머니온헐]

 ID 알거지
spend all my money to her라고 하면 안 되나요?

 ID 김형제
일부 동사는 특정 전치사만 사용해야 하는 경우가 있습니다. 어떤 동사와 어떤 전치사가 같이 사용되는지는 규칙이 없기 때문에 아쉽지만 통째로 외우셔야 합니다. spend 뒤에 사용하는 전치사는 on입니다.

She never spends a dime on me.

그녀는 나한테 한 푼도 안 써.

[쉬네벌ㅅ펜즈ㅓ다임온미]

ID 유경스

dime보다 더 작은 단위인 penny가 있는데, 왜 dime이라고 표현하나요?

ID 김형제

여러 설명이 있지만 정확한 어원은 밝혀지지 않았습니다. 숙어로 dime이 자주 사용되기 때문이라는 말도 있습니다만, 정확한 어원은 아닙니다.

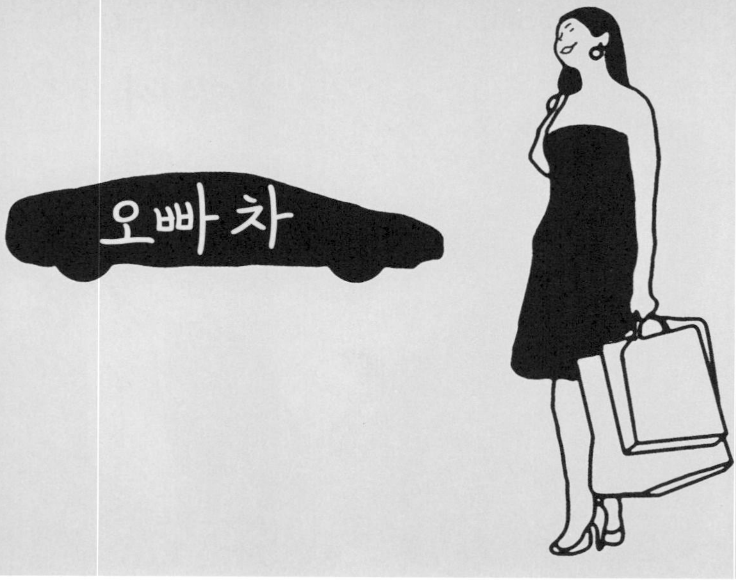

She is just a gold digger.

그냥 된장녀네.

[쉬이ㅈ저ㅅㅌㅓ골ㄷ디걸]

ID 오빠차

gold digger는 신조어인가요?

ID 김형제

돈 때문에 이성을 유혹하는 남성 또는 여성을 gold digger라고 하는데, 예전부터 쓰던 표현으로 신조어는 아닙니다.

Episode #10

오늘 술 쏜다!

지난주에 산 복권을 맞춰 봤는데….
헉? 나에게도 이런 일이!
이런 꿈 꿔 본 적 있으신가요? 1등 당첨!
이런 꿈같은 일이 실제로 일어나면
지인들에게 크게 한턱내야겠죠!

에피소드 필수 표현 미리보기

1 hit the lotto = 복권에 당첨되다

2 Bottoms up! = 원 샷!

3 be a man = 남자답게

It happened to me! I finally hit the lotto!

내가 복권에 당첨되는 일이 생기다니!

[잍햎픈ㄷ투미! 아ㅣ빠ㅣ널리힡더롵오!]

ID 평사원
영어는 두 문장인데 해석은 한 문장이네요?

ID 김형제
두 문장으로도 표현이 가능하지만 한 문장으로 해석하는 것이 더 자연스러운 경우가 있습니다.

Drinks are on me tonight!

오늘 밤 술은 내가 쏜다!
[드링ㅋㅆ알온미 투나잍!]

 ID 친구
술 대신 밥을 쏠 땐 뭐라고 하나요?

ID 김형제
Drinks 대신 다른 말을 넣어 쓸 수 있습니다. ~ is on me는 '~은 내가 쏜다'라는 뜻입니다. 예를 들어 '저녁은 내가 쏠게.'는 Dinner is on me.라고 하면 됩니다.

Cheers!

Cheers to our friendship!

우리의 우정을 위해서 건배!
[치얼ㅆ투아월ㅃ랜쉽!]

ID Men
그냥 '건배'는 뭐라고 해요?

ID 김형제
'건배!'라고 할 때는 간단하게 Cheers!라고 하면 됩니다.

Be a man, bottoms up!

남자답게 원 샷 해!

[비ㅓ맨, 바름ㅅ엎!]

ID 흑기사

'여자답게'라고 하려면 be a woman이라고 하면 되겠네요?

ID 김형제

be a man은 주로 술에 취한 남성들이 그릇된 남성성을 재확인할 때에 쓰는, 구시대적이고 억지스럽지만 아직도 흔히 쓰이는 표현입니다. 반대로 be a woman은 성차별적인 뉘앙스가 있어서 여성들이 스스로는 잘 쓰지 않는 말입니다.

65

복습 톡톡 1

① _____
야! 저녁에 술 한잔 하자.

② _____
나 오늘 야근해야 해.

What time do you get off work?
언제 끝나는데?

Probably around 9 or 10.
아마 9 ~ 10시쯤?

And I am broke.
그리고 나 지금 거지인데.

③ _____
내 월급 쥐꼬리만 한 거 알잖아.

④ _____
오늘 밤 술은 내가 쏜다!

⑤ _____
내가 곧 전화할게.

Ok. Call me.
알았어. 전화 줘.

---

① Yo! Let's have a drink tonight. ② I have to work overtime tonight. ③ You know my minimum wage life. ④ Drinks are on me tonight! ⑤ I'll call you in a bit.

복습 톡톡 2

Hey, I have a concern about my girlfriend.
야, 나 여자친구 때문에 고민 있어.

Spit it out!
털어놔 봐!

① _____
나한테 돈을 한 푼도 안 써.

You mean, she doesn't spend on dates?
데이트할 때 돈을 전혀 안 쓴다고?

No. And ② _____
안 써. 그리고 나 여친한테 돈을 다 썼어.

③ _____**, too.**
신용 카드도 한도가 초과됐어.

You'd better reconsider your relationship.
네 관계에 대해서 다시 생각해 보는 게 좋겠다.

It seems like ④ _____
그냥 된장녀 같은데?

Just forget about her.
그냥 잊어버려.

① She never spends a dime on me. ② I spent all my money on her. ③ I maxed out my credit card
④ she is just a gold digger.

📞 복습톡톡 3

 Excuse me. Can I make an order?
실례합니다, 주문할 수 있을까요?

 **Sure. what can I get for you?**
물론이죠. 어떤 것 시키시겠어요?

 Can I have 2 beers and 1 soju please?
맥주 두 병이랑 소주 한 병이요.

① _____
신분증 좀 볼 수 있을까요?

 Here it is!
여기 있습니다!

Thank you. I'll be back with your order.
감사합니다. 주문하신 것 가지고 다시 오겠습니다.

 Excuse me, ② _____
저기요, 제가 주문한 게 아직도 안 나왔는데요.

 ③ _____
제 주문 거의 준비되었나요?

I'm sorry. It'll be ready in a minute.
죄송합니다. 곧 준비됩니다.

① Can I see your ID? ② my order still hasn't come out yet. ③ Is my order almost ready?

Season 2

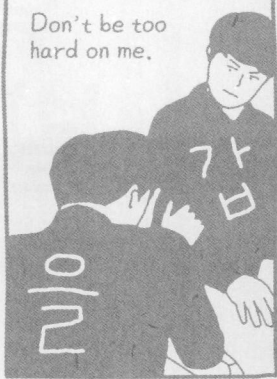

Episode #11

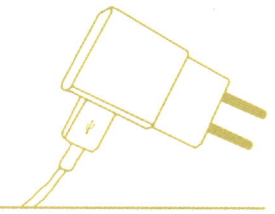

휴대폰 좀 빌려 줄래?

중요한 전화를 해야 할 때 내 휴대폰의 배터리가 없다면
친구 휴대폰이라도 빌려야겠죠?

에피소드 필수 표현 미리보기

1. borrow = ~을 빌리다

2. almost dead = 거의 죽은

3. run out too fast = 빨리 닳다

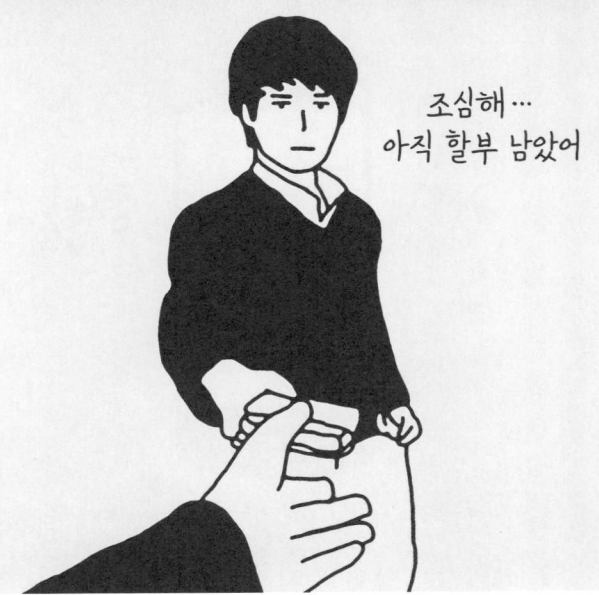

Can I borrow your phone please?

휴대폰 좀 빌려 줄래?

[캔아ㅣ 버로ㅜ ㅠ얼뽄 플리ㅈ?]

ID JJandol

'빌리다'는 lend 아닌가요?

ID 김형제

borrow는 '빌리다', lend는 '빌려 주다'라는 뜻입니다. Can I borrow ~? 혹은 Can you lend me ~?의 형태로 사용합니다.

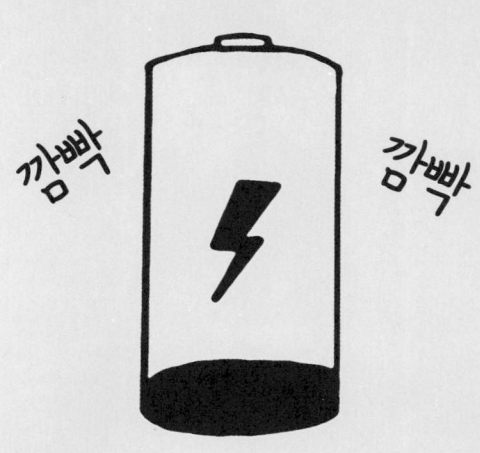

My phone is almost dead.

휴대폰 배터리가 거의 죽어 가.

[마이 뽄 이ㅈ 얼모ㅅㅌ 데ㄷ]

ID 싸워미
휴대폰이 거의 망가져 간다는 뜻으로 받아들일 수도 있지 않나요?

ID 김형제
My phone is almost dead.라고 하면 배터리가 없는 경우를 말합니다. 휴대폰이 망가져 간다고 할 때는 My phone is almost broken.이라고 합니다.

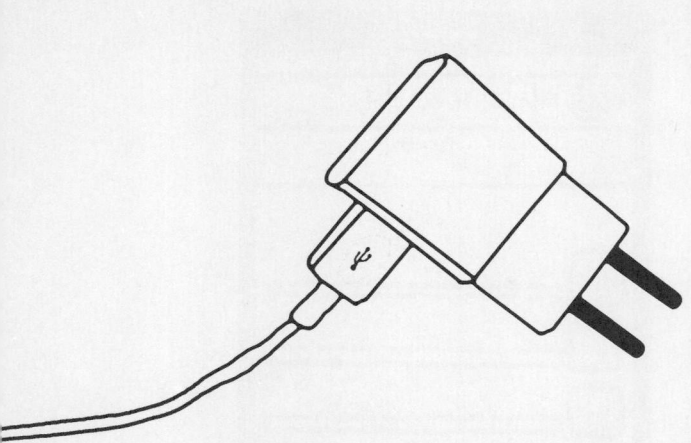

Do you have a charger?

충전기 있어?

[두유해ㅂㅓ찰ㅈ얼?]

ID 아르지
요즘 많이 쓰는 보조 배터리는 뭐라고 하나요?

ID 김형제

'보조 배터리'는 power bank라고 합니다. 보조 배터리가 필요하다면 Do you have a power bank?라고 물어보면 됩니다.

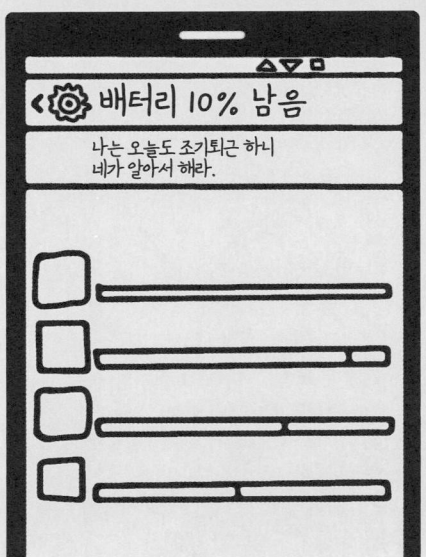

My battery runs out too fast.

내 휴대폰 배터리가 너무 빨리 닳아.

[마ㅣ배러리 런사ㅏ웉 투-빼ㅅ트]

ID impoten

battery 말고 run out을 쓸 수 있는 상황을 알려 주세요.

ID 김형제

음식, 주류, 재산, 인내심 등 무언가가 소모되어서 없어지는 경우 run out이라는 표현을 사용할 수 있습니다.

Episode #12

나한테 화났어?

'진짜 나한테 왜 그래?'
이런 상황 한 번씩은 겪어 보셨죠?
분명 나한테 화가 난 것 같은데
이유를 잘 모를 때는 대놓고 물어보는 게 상책입니다.

에피소드 필수 표현 미리보기

1. mad = 화난

2. Just tell me. = 그냥 말해 봐.

3. every now and then = 가끔

표정이
왜 저래…

Are you mad at me?

나한테 화났어?

[알유 매드앹미?]

ID 앵그리버드
mad가 '화난'이 아니라 '미친'이라는 뜻이 아닌가요?

ID 김형제
미국에서는 회화에서 mad가 angry와 같은 의미로 사용됩니다. 반면 영국 영어에서는 mad가 주로 '미친'의 의미로 사용되어 Are you mad?라고 하면 '너 미쳤어?'라는 뜻이죠.

뭐가 문제야?

Why are you mean to me?

나한테 왜 그러는데?

[와 | 알유 민-투미?]

ID 몰라
여기서 mean은 무슨 뜻인가요?

ID 김형제

형용사 mean은 '치사한', '지독한', '심술궂은' 등의 부정적인 뜻을 가지고 있습니다. 위 문장을 직역하면 '너 왜 나한테 심술궂어?'이죠. 흔히 '너 되게 나빴어'라고 할 때도 mean을 사용하여 You are so mean.이라고 한다는 것도 같이 알아두세요.

Every now and then, I don't understand you.

가끔 네가 이해가 안 돼.

[에브리 나우앤덴, 아ㅣ돈 언덜ㅅ탠쥬]

ID 끔가
every now and then이 '가끔'이란 뜻인가요?

ID 김형제
네, 맞습니다. '가끔'이라는 뜻의 표현으로 every now and then과 함께 now and then again도 같이 알아두세요.

Just tell me why.

그냥 이유를 말해 봐.

[저ㅅㅌ텔미 와ㅣ]

ID 텔미

'이유'는 reason 아닌가요?

ID 김형제

why가 명사로 사용될 경우엔 '이유'라는 뜻이 됩니다. 위 문장은 Just tell me the reason.과 같은 의미입니다.

Episode #13

건망증이 너무 심해

'으악! 또 두고 왔다!'
중요한 미팅이나 발표를 위해 열심히 준비해 놓은 자료를
집에 두고 왔을 때, 하늘이 무너져 내리는 그런 기분.
느껴 보신 적 있죠?

에피소드 필수 표현 미리보기

(1) these days = 요즘

(2) forgot to bring ~ = ~을 잊고 안 가져왔다

(3) forgetful = 잘 깜빡하는

요즘 왜 이러지?

Oh my god! What's going on with me?

오 마이 갓! 나 요즘 왜 이러지?

[오 마ㅣ 갇! 왙츠고잉온위ㄷ미?]

ID omg

외국 애들이 omg omg 하기에 뭐냐고 물어보니 oh my god의 줄임말이라고 하더라고요.

ID 김형제

omg는 짧은 대화를 주로 하는 문자 메시지나 메신저에서 특히 많이 씁니다.

I am so forgetful these days.

요즘 건망증이 너무 심해.

[아ㅣ앰쏘 뽈겥쁠 디ㅈ대ㅣㅅ]

ID Kelly

'요즘'을 these days라고 하나요?

ID 김형제

'요즘'은 these days 또는 nowadays라고 합니다. nowadays를 now a days로 띄어 쓰지 않도록 주의하세요.

책상 위에 두고
또 안 가져왔어

I forgot to bring it again.

또 안 가져왔어.

[아ㅣ뽈갇투 ㅂ링잍어개인]

ID 김형제

USB (Universal Serial Bus). 크기는 작지만 정말 중요한 내용을 많이 담고 있으면서, 자주 잃어버리게 되죠.

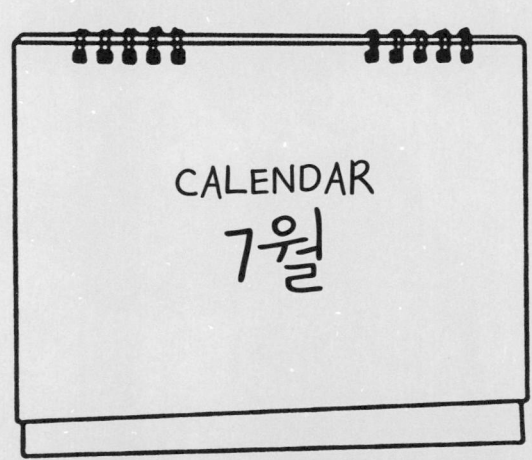

Please remind me in the future.

꼭 좀 되새겨 줘.

[플리ㅈ리마인ㄷ미 인더뷰철]

 ID 내머리속지우개

in the future 대신 in the later라고 하면 안 되나요?

ID 김형제

later를 쓸 경우는 in the를 빼고 Please remind me later.라고 해야 하는데, '이따가 알려 줘.'라는 뜻이 되어 어감이 약간 달라집니다. Remind me the next time.이라고 써야 더 정확합니다.

Episode #14

핑계 대지 마

'아 그게 아니라, 그러려고 그런 게 아니고요…'
무언가 실수를 저질렀을 때 변명하다가
작은 일을 더 크게 만들 때가 있습니다.
내뱉은 말을 주워 담고 싶을 때도 많죠.

에피소드 필수 표현 미리보기

1. last chance = 마지막 기회

2. word = 말

3. disappoint me = 나를 실망시키다

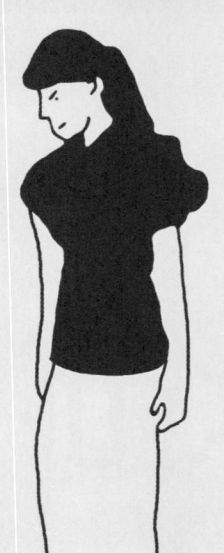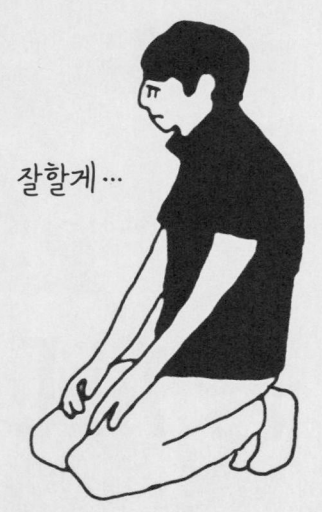

잘할게...

This is your last chance.

이번이 너의 마지막 기회야.

[디쓰 이즈 유얼 래스트 챈쓰]

 ID 라스트

그림을 보고 궁금해졌는데, '무릎을 꿇다'는 뭐라고 하나요?

ID 김형제

유명한 팝송 *She's gone*의 가사 중에 I'm down on my knees.라는 구절이 나옵니다. 여기서 down on my knees가 '무릎을 꿇다'입니다.

No buts about it.

핑계 대지 마.

[노 벋츠 어바우릳]

ID 김형
buts는 뭐예요? butts(엉덩이)를 잘못 쓴 건가요?

ID 김형제
buts는 but의 복수형으로, '하지만', '그런데' 등의 말을 붙이지 말라는 말입니다. 즉 핑계를 대지 말라는 뜻이죠.

Keep your word.

네가 한 말 지켜.

[킾퓨얼 월드]

ID fin클
'손가락을 걸고 약속'하는 걸 영어로는 뭐라고 하나요?

ID 김형제

'손가락 걸고 꼭!'이라고 말할 때는 Pinky swear! 또는 Pinky promise!라고 외치시며 새끼손가락을 상대방에게 들이미세요. pinky는 '새끼손가락'을 의미하는데, 새끼손가락을 거는 행위는 유럽에서 시작된 미신이라고 하네요.

실망시키지 마

한 번만 더 그래 봐

Don't disappoint me.

나를 실망시키지 마.

[돈-디썊포인미]

ID Boy
Don't disappoint me.가 좀 협박하는 말처럼 들리는데요.

ID 김형제
목소리를 착 깔고 얘기한다면 협박조가 되겠죠. 목소리 톤에 따라서 뉘앙스가 달라질 수 있습니다.

Episode #15

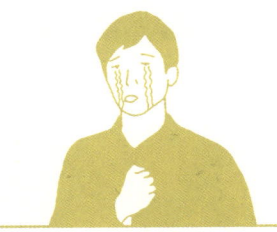

내 입장에서 생각해 봐!

열심히 했지만 결과가 안 좋을 때도 있습니다.
하지만 상대방이 너무 짜증만 내면 속상하기 마련이죠.
그럴 때는 정말 속마음을 보여주고 싶은데요!

에피소드 필수 표현 미리보기

1. see my effort = 나의 노력을 보다
2. stay up all night = 밤을 새우다
3. too hard on me = 나에겐 너무 과하다, 버겁다

너무
그러지 마세요
ㅠㅠ

갑
을

Don't be too hard on me.

나한테 너무 그러지마.

[돈ㅌ비 투 할ㄷ온미]

ID 김형제

hard는 '어려운', '딱딱한'이라는 의미의 형용사입니다. Don't be too hard on me.를 직역하면 '나한테 너무 딱딱하게 굴지 마.'이죠.

Put yourself in my shoes.

내 입장에서 생각해 봐.

[풋유얼쎌ㅍ 인마ㅣ 슈즈]

ID Sandal
shoes? 내 신발을 신어라?

ID 김형제
put oneself in one's shoes(~의 입장이 되어 보다)라는 숙어를 알아야 뜻을 이해할 수 있습니다. 자신이 서 있는 위치에 서 있어 보라는 의미로 shoes를 사용했습니다.

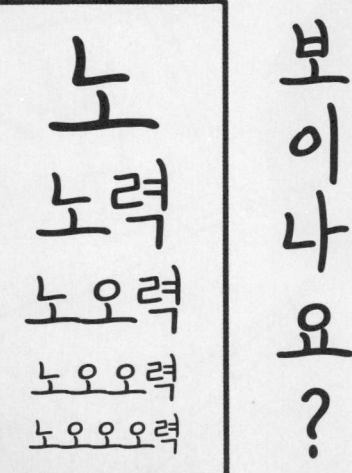

Can't you see my effort?

내 노력이 안 보여?

[캔츄유 씨 마ㅣ 에뽈ㅌ?]

 ID 노력파
'노력하다'는 뭐라고 하나요? do effort?

ID 김형제
'노력하다'는 make an effort 또는 try hard라고 하면 됩니다.

I stayed up all night doing this.

이거 하느라고 밤새웠어.

[아ㅣ ㅅ테이ㄷ엎 올나잍 두잉디ㅆ]

ID 김형제

stay up all night는 '밤을 꼴딱 새우다', '철야하다'라는 의미입니다. '밤샘 작업', '밤샘 공부'는 all-nighter라고 합니다. 25살 이후 급격히 어려워지는 고급 기술이죠.

Episode #16

너무 칠칠맞아

실수가 일상인 사람이 주위에 있나요?
한두 번의 실수는 귀엽게 봐주지만
너무 잦은 실수는 주변 사람들을 지치게 만들죠.

에피소드 필수 표현 미리보기

1. Why is A so B? = A는 왜 이렇게 B해?
2. mop = 마포, 자루걸레
3. spill = 흘리다

Why is the floor so sticky?

바닥이 왜 이렇게 끈적끈적해?

[와ㅣ이ㅈ더 쁠로얼 쏘 ㅅ틱키?]

ID 쏘투

so 대신 too를 써도 돼요?

ID 김형제

too는 '너무', '지나치게'라는 뜻으로 원래보다 과하다고 말할 때 쓰고, so는 '매우', '정말'이라는 뜻으로 정도가 심하다고 말할 때 씁니다. 위 문장에서 so 대신 too를 쓴다면 바닥이 원래 끈적끈적했는데 더 끈적끈적해졌다는 의미가 됩니다.

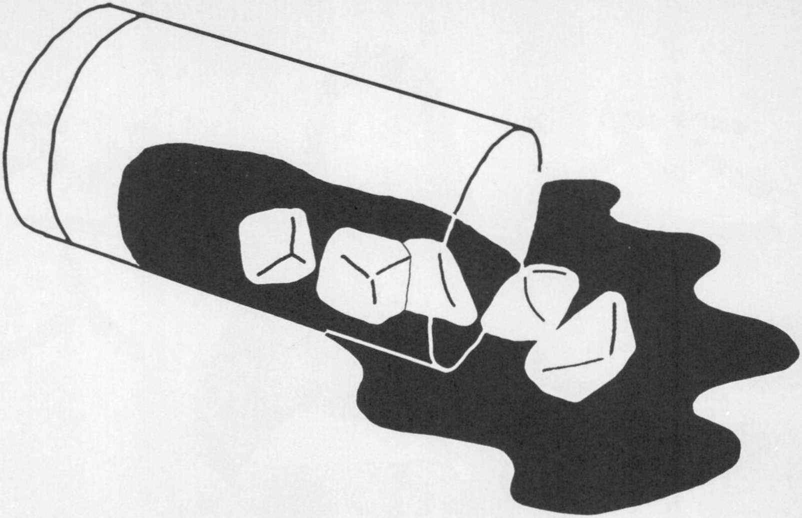

I am sorry.
I spilled my drink.

미안. 내가 마시던 거 흘렸어.

[아ㅣ앰 쏘ㄹㅣ. 아ㅣ스필ㄷ 마ㅣ ㄷ링ㅋ]

ID decant

'내가 마시던 것'을 my drink라고 하네요?

ID 김형제

네. drink는 명사로 쓰이면 '음료'라는 뜻입니다. my drink(내 음료)이니 '내가 마시던 음료'를 말하겠죠.

You are so clumsy!

넌 너무 칠칠맞아!

[유알쏘-클럼지!]

ID NJYs

저는 덤벙대지 않는데도 clumsy라는 말을 들었어요.

ID 김형제

clumsy는 '칠칠맞다'는 뜻 외에도 말이나 행동이 '어설픈', '서투른'이라는 뜻으로도 많이 쓰입니다.

쓱싹쓱싹

Can you go grab a mop?

가서 걸레 좀 가져올래?

[캔유 고 그래ㅂㅓ멒?]

ID Lotto
go와 grab 둘 다 동사인데,
go 뒤에 grab을 바로 쓸 수 있나요?

ID 김형제

원래는 go and grab인데 and가 생략된 것입니다. 미국에서는 '가서 ~하다'라고 할 때 이렇게 「go+동사원형」을 종종 사용합니다.

Episode #17

넌 해고야

사무실 분위기가 정말 좋지 않네요.
계속 사고를 치기는 했지만 큰 잘못은 없었다고 생각했는데,
결국 올 것이 오고 말았습니다.
내가 볼 땐 작은 실수인데 회사 입장에선 아니었나 봅니다.

에피소드 필수 표현 미리보기

1   be under stress = 스트레스를 받고 있다

2   born with a silver spoon
= 금수저를 물고 태어나다

3   flatter = ~에게 아첨을 떨다

I have been under a lot of stress recently.

요새 엄청난 스트레스를 받고 있다.

[아ㅣ해ㅂ빈-언덜 ㅓ랕오ㅂ스트레스 리쎈틀리]

ID cortisol
'스트레스를 받다'를
receive stress라고 하면 안 되나요?

ID 김형제

receive stress는 음성학에서 '강세를 받는다'고 할 때만 사용합니다. 사람이 스트레스를 받는다고 할 때는 be under stress 또는 get stressed라고 합니다.

I wish I had been born with a silver spoon.

은수저를 물고 태어났다면 참 좋았을 텐데.

[아ㅣ위시 아ㅣ해ㄷ빈본 위더ㅓ씰벌ㅅ푼-]

ID 금수저

은보다 금이 비싼데 왜 silver spoon이라고 합니까?

ID 김형제

서양에서 고급 수저와 포크, 나이프는 은으로 만들어져 있습니다. 소설 *레미제라블*의 장 발장도 소싯적 은접시 등의 값어치가 있는 silverware들을 훔쳤었죠. 때문에 Gold가 아닌 Silver를 사용한 것입니다.

I am tired of flattering my boss.

상사한테 아첨을 떠는 데 지쳤어.

[아ㅣ앰타ㅣ얼ㄷ오ㅂ 쁠래터링마ㅣ보씨]

ID 김형제

flatter는 '~에게 아첨을 떨다'라는 뜻으로, butter up이라고 해도 같은 뜻입니다. 기계에 윤활유를 치듯이 인간관계에 미끄러운 버터를 발라 주는 것으로 기억하시면 외우기 쉬울 것입니다.

I finally got fired.

결국 난 해고됐다.

[아 | 빠 | 널리 갇 빠 | 얼드]

ID 김형제

fire는 동사일 때 '사격하다', '해고하다' 등의 의미가 있습니다. get fired는 '해고되다', '잘리다'라는 의미의 숙어입니다.

Episode #18

돈 좀 빌려 줘

살다 보면 정말로 급하게 돈이 필요할 때가 있습니다.
혹시 급하게 돈이 필요할 때 생각나는 사람이 있나요?
적은 돈을 빌렸어도 큰 힘이 됩니다.
하지만 잘 돌려줄 줄도 알아야겠죠!

에피소드 필수 표현 미리보기

1. **out of money** = 돈이 없는

2. **appreciate** = 감사하다

3. **owe you** = 너에게 빚지다

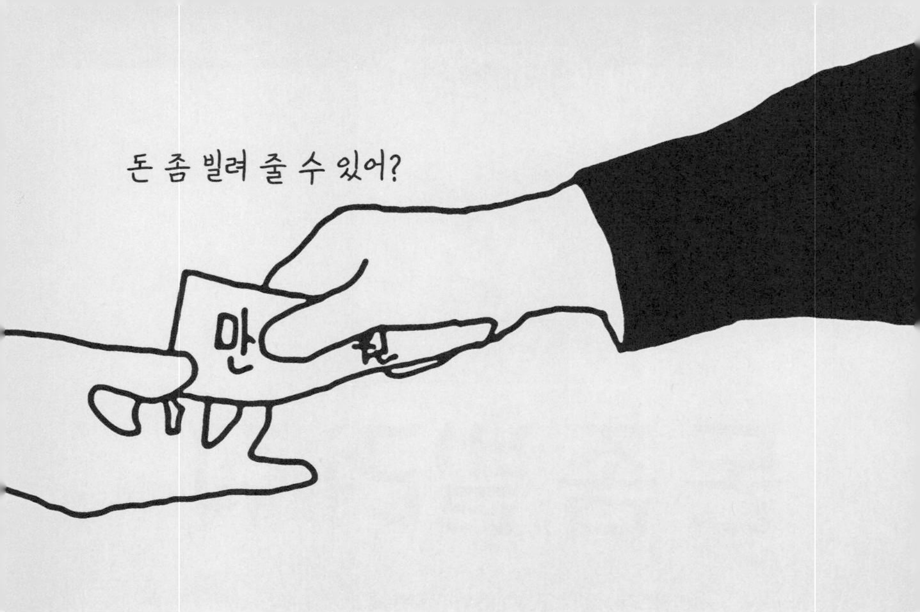

돈 좀 빌려 줄 수 있어?

Could you lend me some money?

돈 좀 빌려 줄 수 있어?

[크우쥬 렌ㄷ미 썸 머니?]

ID mbroke
신용 불량자입니다. 너무 힘듭니다.
미국도 신용 불량자가 되면 이렇게 힘든가요?

ID 김형제

현대 사회, 특히 서구 사회는 신용 사회라고도 하죠. 신용 불량자가 겪는 고충은 서양이 더하면 더했지 덜하지는 않습니다. 하지만 파산 후 재기는 서양이 한국보다 더 수월합니다.

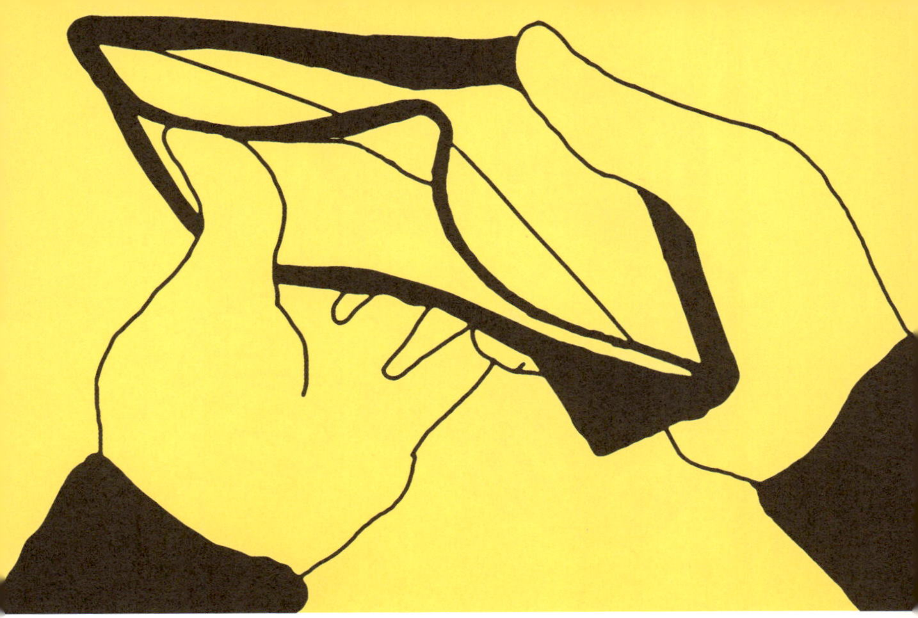

I'm out of money.

돈이 하나도 없어.

[아임 아웉오ㅂ 머니]

ID 김형제

be out of money는 '돈이 떨어지다'라는 의미입니다. 다른 말로 '빈 털터리다', '한 푼도 없다'라고도 표현할 수 있습니다. I'm broke.라고 해도 같은 뜻입니다.

정말 고마워!!!

I very much appreciate it.

정말 고마워.

[아ㅣ베리머치 엎프리쉬에이릳]

ID 김형제

동사 appreciate는 '감사하다'라는 뜻 외에도 '인정하다'라는 뜻도 있습니다.

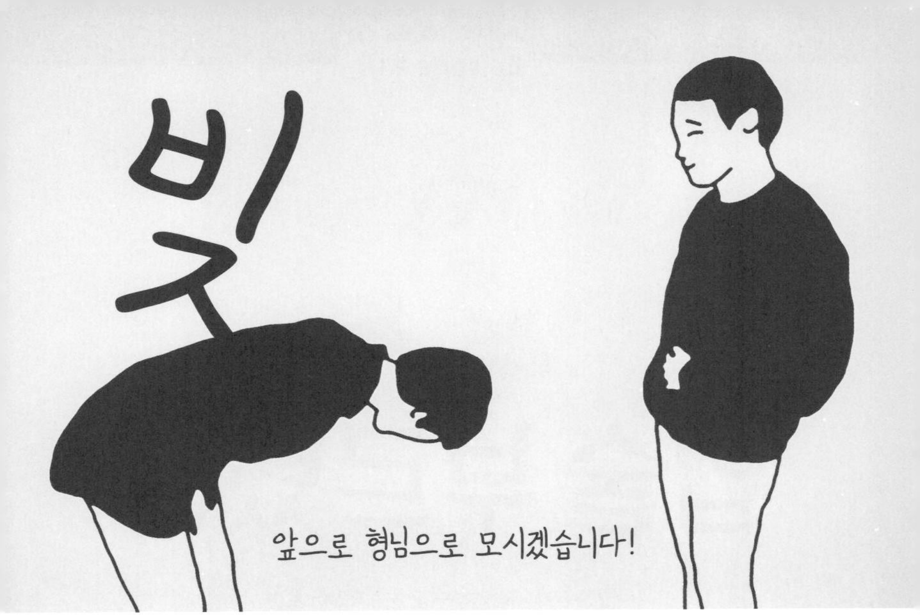

앞으로 형님으로 모시겠습니다!

I owe you a big one.

크게 빚졌다.

[아ㅣ오ㅜ유 빅 원]

ID creditor

한때 owe와 own을 헷갈렸습니다….

ID 김형제

owe는 '빚지다', own은 '소유하다'라는 뜻입니다. owe와 own, 모양은 비슷해도 뜻은 천지 차이이니 헷갈리지 맙시다.

Episode #19

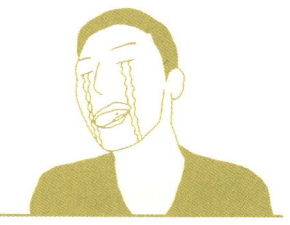

입술 부르텄어

밤샘 공부를 하거나 야근을 계속하다 보면
입술이 부르트거나 혓바늘이 나기도 하죠.
아주 바쁠 때는 식사도 제때 하기가 어려울 수 있는데,
영양제를 챙겨 먹는 것도 건강관리 방법일 수 있습니다.

에피소드 필수 표현 미리보기

1 chapped = 부르튼

2 supplements = 영양제

3 canker sore = 구내염

I feel exhausted nowadays.

요즘 너무 피곤한가 봐.

[아ㅣ삘-익저스티ㄷ 나ㅜㅏ대ㅣㅅ]

ID Pgone
그냥 I feel tired.라고 하면 안 되나요?

ID 김형제

tired는 피곤함을 뜻하지만, exhausted는 탈진에 가까운 상태를 말합니다. 체력이 고갈되었다거나 몸에 힘이 없다는 느낌을 강하게 나타낼 때는 exhausted를 사용하세요.

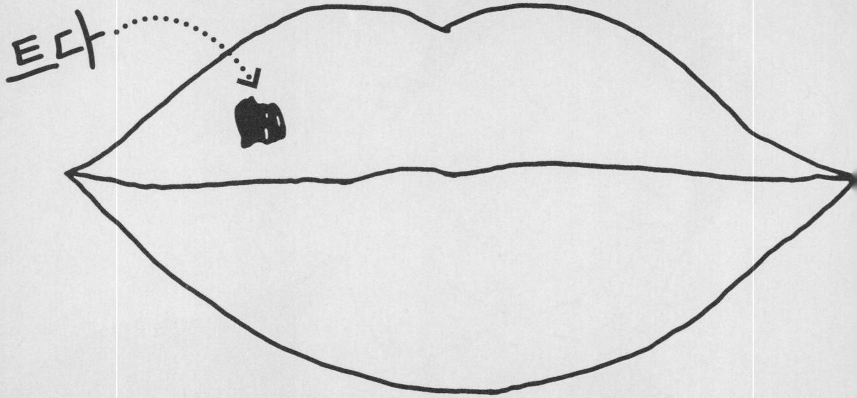

My lips are chapped.

입술이 부르텄어.

[마ㅣ 맆ㅅ알챂ㄷ]

ID 립bomb
유명 립밤 브랜드 이름이 chapped 라는 단어에서 파생된 건가요?

ID 김형제

그 스틱형 제품 말씀하시는 거죠? 맞습니다! 제품 광고가 될 수 있으니 다들 이해하신 것으로 알고 이 정도로 마무리하겠습니다.

입안도 다 헐었어 ㅠㅠ

I've got a canker sore in my tongue.

입안도 다 헐었어.

[아ㅣㅂ같ㅓ캔컬쏘얼 인마ㅣ텅]

ID 김형제

'구내염'은 canker sore라고 합니다. '구내염이 났다', '혓바늘이 났다'라고 할 때는 앞에 I have나 I have got을 붙여 주면 됩니다.

Any decent supplements you could recommend?

괜찮은 영양 보충제 좀 추천해 줄래?

[애니디쓴ㅌ썹플맨ㅊ 유쿠ㄷ렉컴멘ㄷ?]

ID Tellme

영어에서 질문하는 문장은 Do you ~?로 시작하지 않나요?

ID 김형제

회화에서는 문장 중 일부를 생략하고 말하곤 합니다. 위 문장에서는 앞에 Do you know of ~ (너 ~ 알아?) 같은 어구가 생략되었다고 볼 수 있습니다.

Episode #20

말조심해

말을 막 하는 사람이 주위에 있나요?
가끔 깜짝 놀랄 정도로 거친 말을 하는 사람들이 있습니다.
특히 아이들 앞에서도 입버릇처럼 안 좋은 표현을 쓴다면
따끔하게 경고를 해 줘야 합니다!

에피소드 필수 표현 미리보기

1. warning = 경고
2. language = 말
3. before you speak = 말하기 전에

What did you just say?

방금 뭐라고 했어?

[왙 디쥬저스트쌔ㅣ?]

ID 김형제

'뭐라고 하셨죠?'라고 상대방이 한 말을 물을 때는 보통 Excuse me? 또는 Pardon me?라고 합니다. 위 표현은 '너 방금 뭐라고 했냐?'라는 뜻으로 조금 강한 어감을 가지고 있습니다. 자칫 상대방에게 fight of flight (싸울 거냐, 도망칠 거냐)를 묻는 표현이 될 수 있으니 조심하세요.

I'm warning you.

내가 경고한다.

[아임 월닝유]

ID 심판
I warn you.라고 해야 하지 않나요?

ID 김형제

I warn you.와 I'm warning you.는 어감의 차이가 거의 없으니
I warn you.라고 하셔도 됩니다.

Watch your language.

말조심해.

[월ㅊ|ㅠ얼 랭귀ㅈ|]

 ID thug999

watch는 '보다'라는 뜻인데요?

ID 김형제

watch는 '보는' 것 중에서도 주의 깊게 '지켜보는' 것을 말합니다. '주시하는' 것이니 '조심하다'의 의미도 가지고 있겠죠. watch your language 또는 watch your mouth는 '말조심하다'라는 뜻의 숙어입니다.

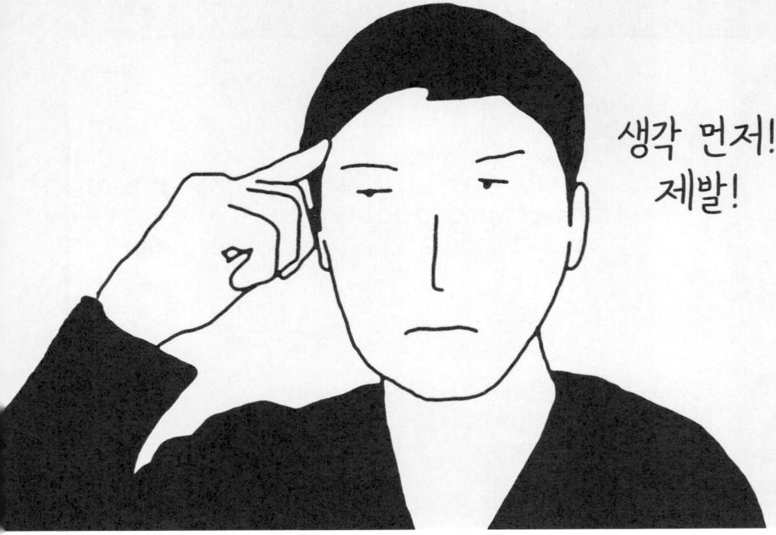

생각 먼저! 제발!

Think before you speak.

생각 좀 하고 말해.

[띵ㅋ 비뽈 유 ㅅ픽-]

ID 김형제

생각을 너무 많이 해서 말을 못하고 쭈뼛쭈뼛하는 사람에게 '그냥 말해!'라고 말하고 싶을 때가 있죠? 이때는 Just say it. 또는 Just spill it.이라고 합니다.

복습 톡톡 1

Yo! What are you doing?
야! 뭐 하고 있어?

I am still working on my project.
나 아직도 프로젝트 하고 있지.

① _____
이거 하느라고 밤새웠어.

Oh, Darn. I feel bad for you.
아, 이런. 너 진짜 안됐다.

That's why you look exhausted nowadays.
그래서 요즘 그렇게 피곤해 보이는구나.

② _____
요새 엄청난 스트레스를 받고 있어.

③ _____
입술이 부르텄어.

④ _____
거기다 입안도 다 헐었어.

Tell me if there is anything I can help you with.
내가 도울 수 있는 게 있으면 말해.

---

① I stayed up all night doing this. ② I have been under a lot of stress recently. ③ My lips are chapped. ④ Also, I've got a canker sore in my tongue.

📞 복습 톡톡 2

① Could you lend me some money?
돈 좀 빌려 줄 수 있어?

You are asking for money?
What's going on?
돈 필요하다고? 무슨 일이야?

② I got fired.
나 해고됐어.

Oh my goodness!
이럴 수가!

③ I'm out of money.
돈이 하나도 없어.

Just tell me how much you need.
얼마 필요한지 말해 봐.

I need around $100. ④ I owe you a big one.
100불 정도만 빌려 줘. 크게 빚졌다.

Is it enough?
그 정도면 충분해?

Yes. I will pay you back ASAP.
응. 최대한 빨리 갚을게.

① Could you lend me some money? ② I got fired. ③ I'm out of money. ④ I owe you a big one.

복습톡톡 3

① I am sorry. I spilled my drink.
미안. 나 음료수 엎질렀어.

② What did you just say?
방금 뭐라고 했어?

③ You are so clumsy!
넌 너무 칠칠맞아!

④ Don't be too hard on me.
나한테 너무 그러지 마.

It is not a big deal.
큰 문제도 아니잖아.

Put yourself in my shoes.
내 입장에서 생각해 봐.

Do you know how annoying it is to clean the floor again and again?
바닥 계속 닦는 게 얼마나 짜증 나는 줄 알아?

I am sorry. I will be careful next time.
미안해. 다음번에는 조심할게.

⑤ Don't disappoint me.
나를 실망시키지 마.

---

① I am sorry. I spilled my drink. ② What did you just say? ③ You are so clumsy! ④ Don't be too hard on me. ⑤ Don't disappoint me.

It's scary as hell.

We are just chilling out.

I am staying home.

The scent is too strong.

Season
3

Can I have a sip?

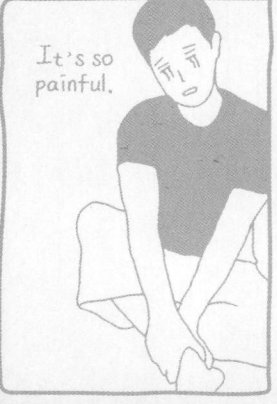

It's so painful.

Son, you are late.

I can't breathe.

Episode #21

정주행 할 거야

휴가 때 계획이 있으신가요?
해외여행이나 하우스 파티 등을 즐기는 사람이 있는 반면
집에서 푹 쉬는 휴가를 선호하는 사람도 있습니다.
이럴 때 업무 때문에 밀린 드라마나 만화책을
하루 종일 보는 것은 어떨까요?

에피소드 필수 표현 미리보기

1. **plan for vacation** = 휴가 계획
2. **stay home** = 집에 있다
3. **No plans at all.** = 아무 계획이 없다.

Do you have any plans for vacation?

휴가 계획 있어?

[두유해ㅂㅐ니플랜ㅅ뽈 배캐이션?]

ID baeksoo

질문할 때는 Do you를 빼고 말하기도 한댔는데, 그러면 Have any plans for vacation?이라고 해도 되는 건가요?

ID 김형제

뜻은 통하겠지만, 잘 안 쓰는 표현이라 어색하게 들립니다. 이 경우엔 have보다 got을 많이 씁니다. 즉, Got any plans for vacation? 이라고 하면 됩니다.

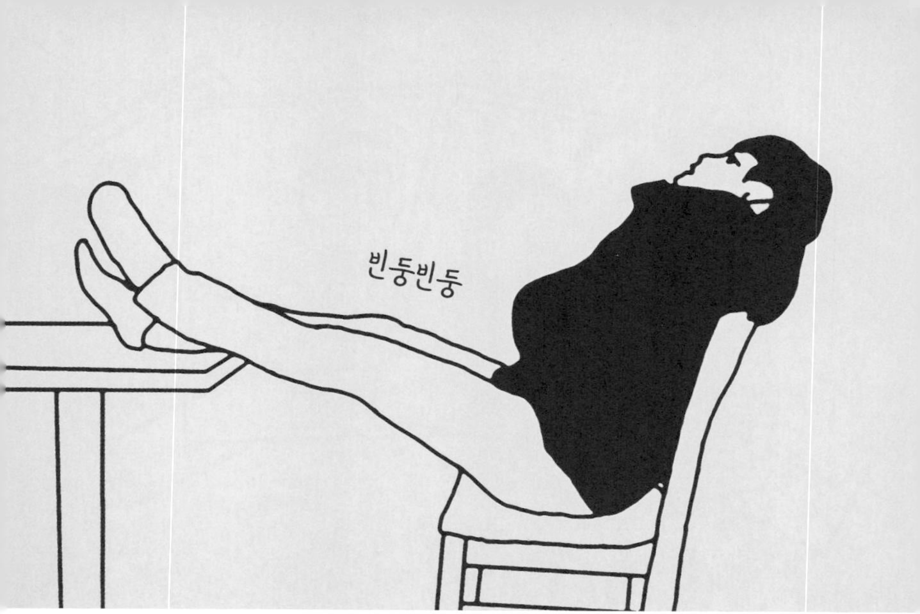

I am staying home.

집에 있을 거야.

[아ㅣ앰 ㅅ태잉홈]

ID Norajo

home 앞에 at이 붙는 경우도 있던데, 어느 때 at이 붙고 어느 때 생략되는지 알려주세요.

ID 김형제

내 집이라면 stay home과 stay at home 둘 다 쓸 수 있습니다. 하지만 다른 사람의 집인 경우엔 항상 at을 써야 합니다. at his home처럼요.

I will binge-watch a drama series.

드라마 시리즈 하나 정주행 할 거야.

[아ㅣ윌 빈지웥처 ㄷ라마 씨리스]

ID 5Duck
binge를 사전에서 찾아보니 '폭식하다'라고 나오던데, 이게 왜 정주행이란 뜻이죠?

ID 김형제

binge는 어떤 것을 대량으로 소비하는 것을 말할 때도 자주 쓰입니다. 예를 들어 '폭음'은 binge-drinking이라고 하죠.

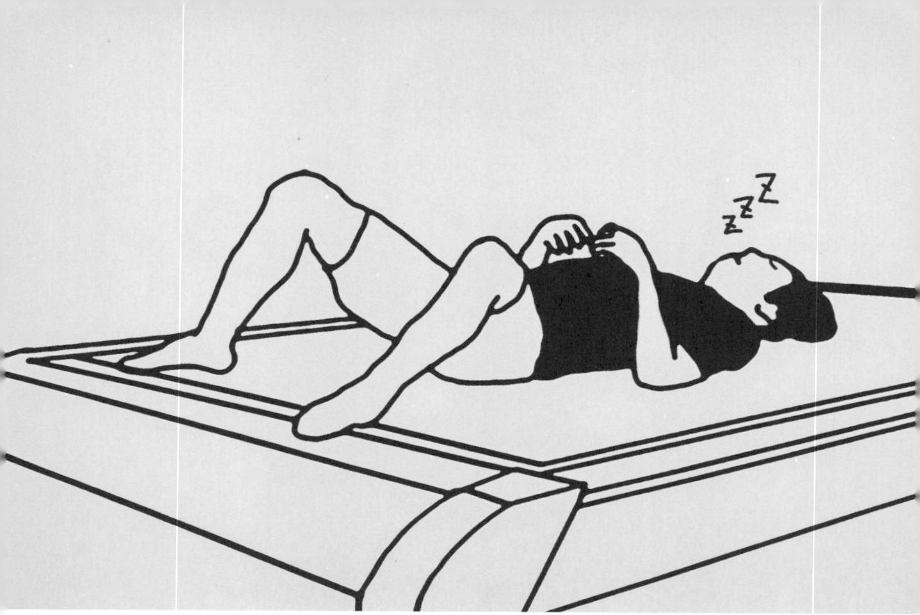

No plans at all.
I will just sleep in.

아무 계획 없이 그냥 잠이나 잘 거야.

[노-플랜ㅅ앹올. 아ㅣ윌저ㅅㅌ슬리-핀]

ID 김형제

home sweet home(즐거운 나의 집)이란 말도 있듯이 최고의 휴식은 집에서 쉬는 것이죠. 집에서 휴가를 보내는 것을 staycation이라고도 하는데, stay와 vacation이 합쳐진 신조어입니다.

Episode #22

요즘 어떤 영화가 유행해?

매달 쏟아지는 영화!
1000만 관객 돌파가 유난 떨 일이 아니게 되어 버렸죠.
하지만 한두 달만 관심을 꺼도
최근 어떤 영화가 유행하는지 감을 잡기가 쉽지 않습니다.

에피소드 필수 표현 미리보기

1. directed by ~ = ~가 감독인
2. scary as hell = 진짜 무서운
3. pee my pants = 오줌을 지리다

What movies are trending nowadays?

요즘 어떤 영화가 유행해?

[왈무비스알ㅌ렌딩나ㅜㅏ대ㅣㅅ?]

ID 김형제

위 문장에서 movies 자리에 다른 단어를 넣어서 '요새 어떤 ~이 유행해?'라고 말할 수 있습니다. clothes를 넣으면 '어떤 옷이 유행해?', TV shows를 넣으면 '어떤 TV 프로그램이 유행해?'라는 뜻이 되겠죠.

Watch that movie directed by James.

제임스 감독의 그 영화 봐 봐.

[웥치ㅣ 댓 무비 디렉ㅌㄷ 바ㅣ 재임씨]

ID 김형제

directed by ~는 '~이 감독한'이라는 뜻입니다. distributed by ~는 '~이 배급한'이라는 뜻으로, 영화의 배급사를 나타냅니다. 영화 포스터에서 종종 볼 수 있죠.

무서운 장면이 너무 자주 나와 ㅠㅠ

으형

It's scary as hell.

진짜 무섭더라.

[잍ㅊ ㅅ케-리애ㅈ헬]

ID goodboy

hell은 욕으로 사용된다고 하는데, 막 써도 괜찮은 건가요?

ID 김형제

'지옥'이라는 뜻의 hell은 비속어에도 종종 쓰이지만, 일반적인 상황에서도 쓸 수 있습니다. '지옥에나 가 버려.'라고 할 때는 욕이 되지만, '그곳은 완전 지옥이었어.'라고 할 때는 그냥 '지옥'이라는 뜻의 단어로 쓰인 거죠.

I almost peed my pants.

나 거의 지릴 뻔했어.

[아ㅣ얼모ㅅㅌ피-ㄷ마ㅣ팬ㅊ]

ID 상남자
almost peed는 지렸다는 건가요? 안 지렸다는 건가요?

ID 김형제

almost는 '거의'라는 의미입니다. almost peed는 '거의 지릴 뻔했어'이니 지릴 뻔했으나 지리지 않은 거죠.

Episode #23

카드 받으세요?

요새는 현금을 사용하는 사람들이 점점 줄고 있고,
카드만 있어도 어디든지 다닐 수 있는 세상이 되어 가고 있습니다.
하지만 가끔은 현금만 받는 곳도 있죠.

에피소드 필수 표현 미리보기

1 debit card = 체크 카드

2 cash = 현금

3 ATM = 현금 자동 입출금기

Do you take credit or debit here?

신용 카드나 체크 카드 받으세요?
[두유태익크뤠딭ㅗ얼 대빝히얼?]

ID one빈
왜 신용 카드랑 체크 카드를 구분해서 물어보나요?

ID 김형제
서양에서는 신용 카드나 체크 카드 둘 중 하나만 받는 곳도 많이 있습니다. 물론 둘 다 받거나 둘 다 안 받는 곳도 있죠.

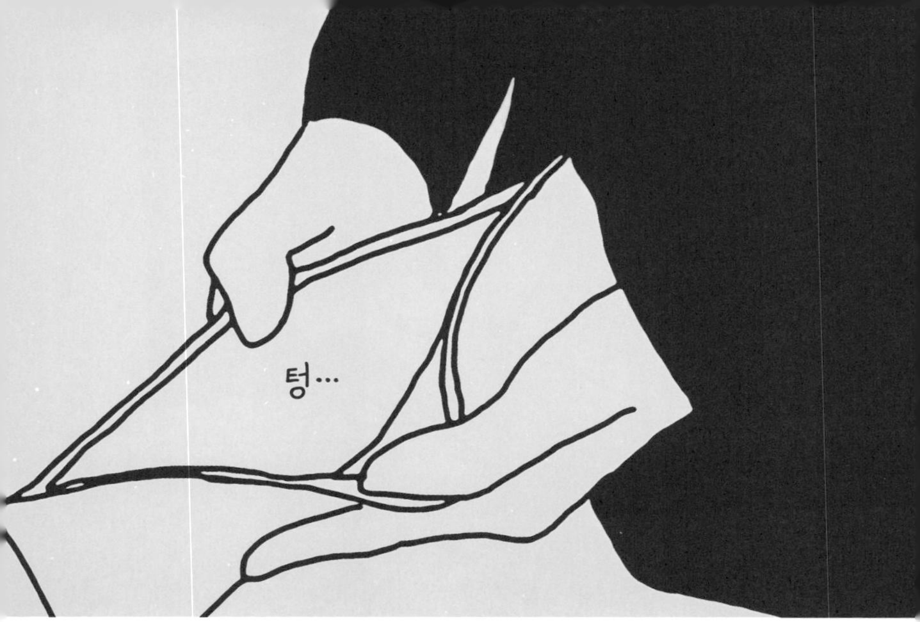

텅...

Oh, I don't have any cash.

이런, 현금이 없는데.

[오, 아ㅣ돈ㅌ해ㅂ애니 캐쉬]

ID bintige
I don't have any money.라고 해도 되나요?

ID 김형제
money는 '돈'이고 cash는 '현찰'입니다. 돈이 없는 것과 현찰이 없는 것은 구분해서 사용해야겠죠. 저는 돈도 없고 현찰도 없습니다. ㅠㅠ

I need to take some cash out.

현금을 뽑아야겠어요.
[아ㅣ니-ㄷ투태이ㅋ썸캐쉬ㅏ웉]

ID showmethedon

take out some cash라고 하면 안 되나요?

ID 김형제

가능하지만 take out ~보다는 take ~ out의 형태로 익혀 두는 게 좋습니다. take ~ out의 형태로만 써야 할 때가 있거든요.

Where is the ATM?

현금 인출기 어디 있어요?

[웨얼 | ㅈ디에 | 티엠?]

ID hereismoney

'ATM이 어디 있는지 알려 주실 수 있으세요?'라고 공손하게 말하려면 어떻게 해야 하나요?

 ID 김형제

Could you please tell me ~? 패턴을 쓰면 공손하게 물어보는 표현이 됩니다. 뒤에는 의문문 형태가 아닌 일반문 어순을 쓴다는 점에 주의하셔야 합니다. 바꿔 보면 Could you please tell me where the ATM is?가 되겠죠.

Episode #24

너 향수 뿌렸어?

향수를 뿌리는 것은 상대방에 대한 예의가 될 수도 있지만,
지나친 향수 냄새는 상대방에게
안 좋은 인상을 심어 줄 수도 있습니다.

에피소드 필수 표현 미리보기

1. perfume = 향수

2. scent = 향기

3. migraine = 편두통

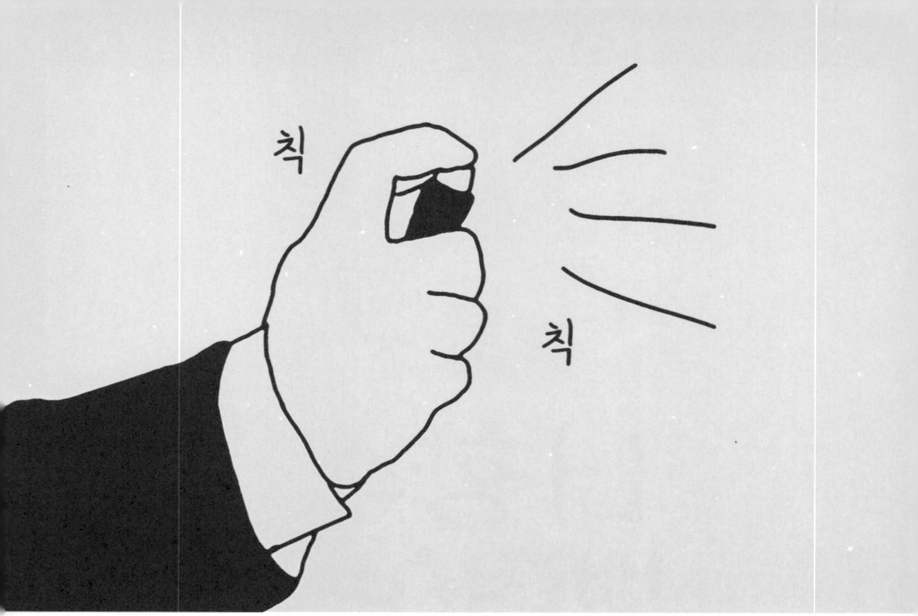

Are you wearing perfume?

너 향수 뿌렸어?

[알ㅠ웨ㅓ링펄뽐?]

ID 김형제

'향수를 뿌리다'는 wear perfume으로 표현합니다.

향이 너무 강해

The scent is too strong.

향이 너무 강해.

[더 쎈ㅌ | ㅈ투ㅅㅌ롱]

ID showmethemoo
반대로 향이 약하다고 할 때는 뭐라고 하나요??

ID 김형제
strong의 반대말인 mild를 사용하면 됩니다. The scent is too mild.

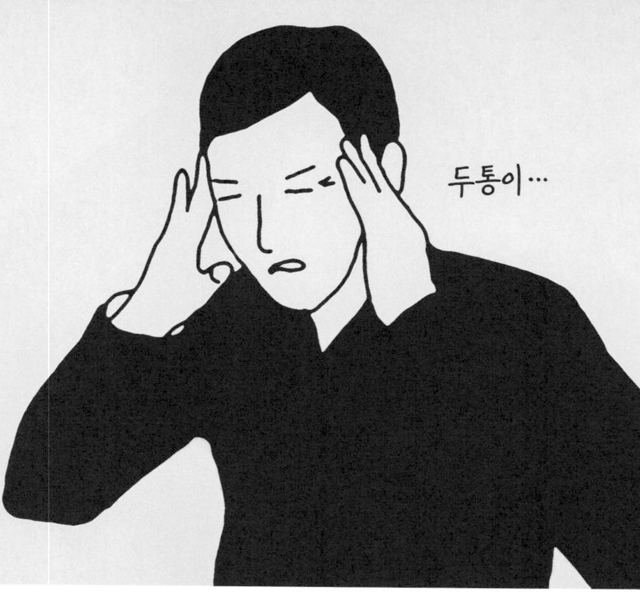

두통이…

It's giving me a migraine.

냄새 때문에 두통이 온다.

[잍츠기빙미ㅓ마ㅣ그레인]

ID tongtong

migraine과 headache의 차이가 뭔가요?

ID 김형제

migraine은 머리가 어질어질 아프면서 구토 증상이 따르는 두통입니다. 강한 향수 때문에 머리가 아프다고 할 때는 보통 migraine을 사용하지만, 경미한 두통일 때는 headache를 쓸 수도 있습니다.

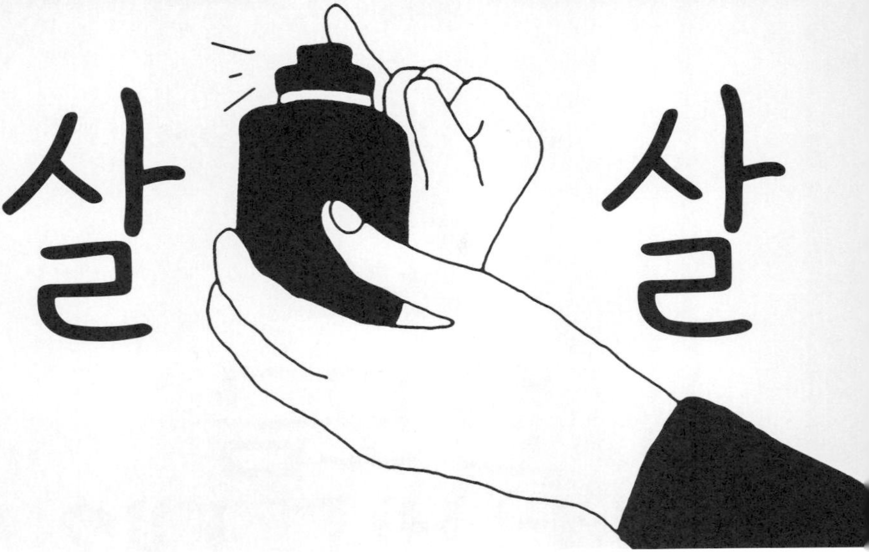

Please spray it lightly from now on.

앞으로는 살짝 뿌려 줘.

[플리즈 스프레이 잍 라잍을리 쁘롬 나우 온]

ID 김형제

from now on은 '앞으로는'이라는 뜻입니다. 같은 뜻인 going forward도 같이 알아두세요.

Episode #25

한 모금 마셔 봐도 돼?

카페에서 주스 두 잔을 시켰는데,
친구가 들고 있는 주스가 더 맛있어 보이네요.
한 모금 마셔 봤는데 내 입맛에 딱입니다.
냉큼 카페의 명함을 챙겨 둡니다.

에피소드 필수 표현 미리보기

1. amazing = 대단한
2. my taste = 내 입맛
3. business card = 명함

한 모금만! 형님!

Can I have a sip?

한 모금 마셔 봐도 돼?

[캔아ㅣ 해브ㅓ씹?]

ID 빨대

'한 입만'은 뭐라고 하나요? Can I have a mouth?

ID 김형제

have a mouth라고 하면 '수다스럽다'라는 뜻이 됩니다. '한 입만 먹어도 돼?'는 a bite(한 입)를 사용해 Can I have a bite?라고 하면 됩니다.

대박

This is amazing!

대단하다!

[디ㅅ이ㅈ어메ㅣ징!]

ID debak
그냥 This is good!이라고 하면 되지 않나요?
외워야 할 단어가 너무 많아요….

ID 김형제

우리말에도 좋다는 뜻으로 '대박이다', '환상적이다', '끝내준다' 등의 다양한 표현이 있듯이, 영어도 비슷한 의미를 가진 단어가 많습니다. 맨날 This is good!이라고 하면 재미없잖아요.

It's to my taste.

내 입맛이야.

[잍ㅊ투마ㅣ태ㅣㅅㅌ]

ID takame

'맛없어.'는 뭐라고 하나요?

ID 김형제

여러 가지 표현이 있습니다. It tastes bad.나 This is terrible.이라고도 할 수 있고, 비격식적인 표현으로 It sucks.도 흔히 들을 수 있습니다. 그런데 이 말은 '구리다'라는 어감이니 때와 장소를 구분해서 써야 합니다.

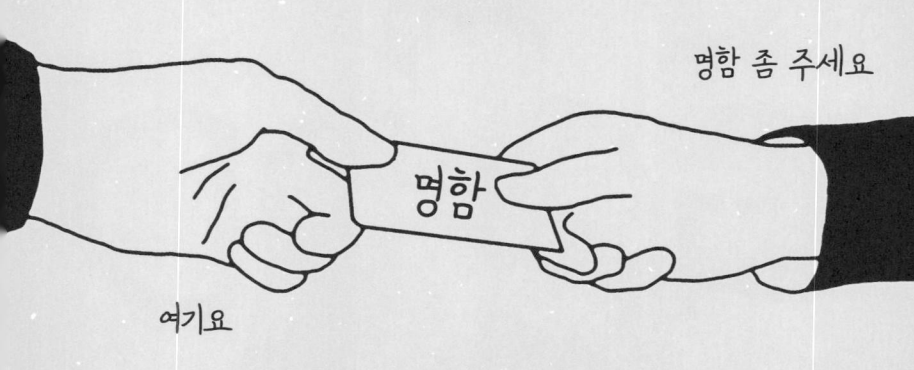

Can I have your business card?

명함 좀 받을 수 있을까요?

[캔아ㅣ해ㅂㅠ얼 비ㅈ니ㅅ칼ㄷ?]

ID sajang
명함을 주면서 '여기요.'라고 할 때는 뭐라고 하나요?

ID 김형제
상대방이 명함을 달라고 할 때는 Sure! Here you go. Here is my business card.라고 대답하면서 명함을 주시면 됩니다.

Episode #26

나 발목 삔 것 같아

급하게 뛰다가 발목을 삐끗해 버렸네요.
걷기도 불편하고, 발목도 부어오르는 게
심상치가 않습니다.
이럴 때는 바로 근처에 있는 병원을 찾아가야겠죠?

에피소드 필수 표현 미리보기

1. **can't even walk** = 걸을 수조차 없다
2. **hospital near here** = 이 근처에 있는 병원
3. **cab** = 택시

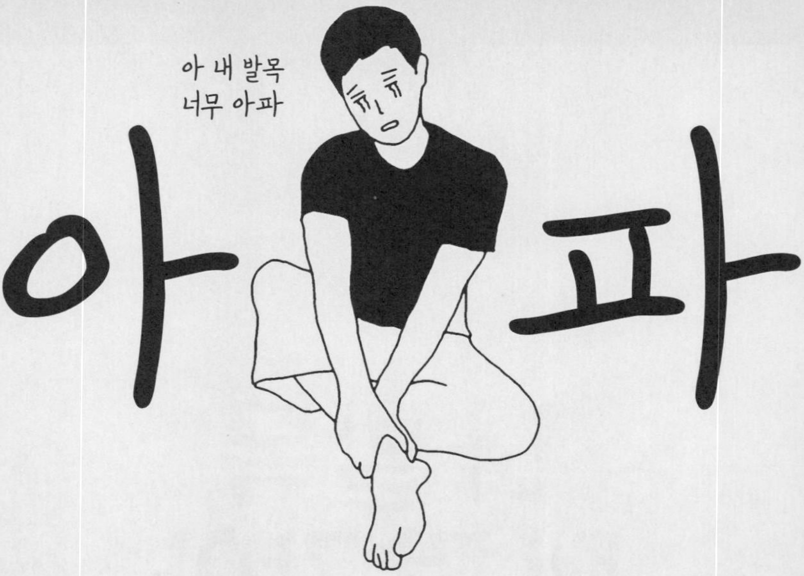

아 내 발목
너무 아파

It's so painful.
I can't even walk.

너무 아파서 걸을 수가 없네.

[잇ㅊ쏘패인쁄. 아ㅣ캔ㅌ이븐워ㅋ]

ID 내다리내놔

다리가 저린 것은 뭐라고 하나요?

ID 김형제

My legs went numb.(다리가 무감각해졌다.)라고도 하지만, My leg is sleeping.(다리가 자고 있다.)이라고 표현하기도 합니다.

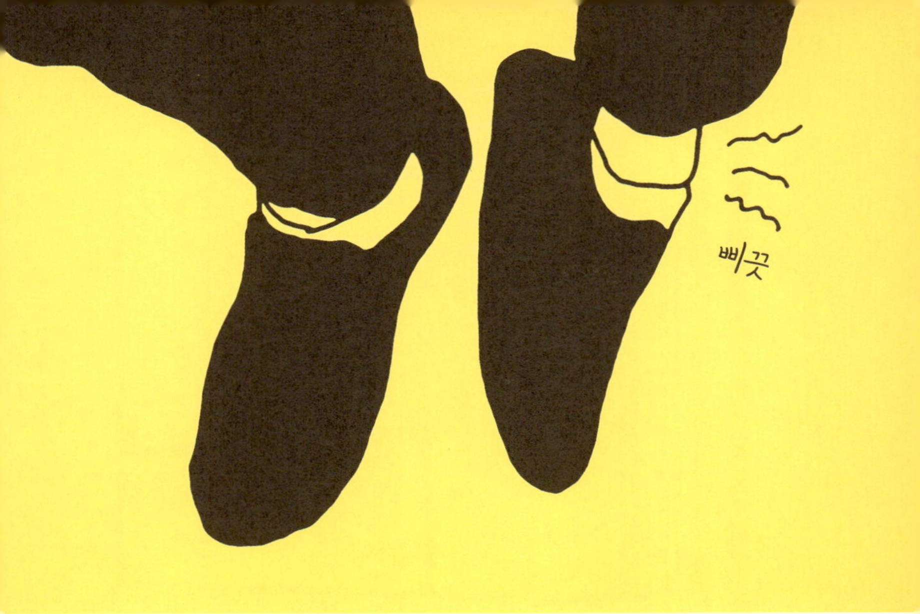

I think I just sprained my ankle.

발목이 삐었나 봐.

[아ㅣ띵ㅋ아ㅣ 저ㅅㅌ ㅅ프레인ㄷ마ㅣ 앵클]

ID 4legs
목발은 영어로 뭐라고 하나요? wooden leg?

ID 김형제

'목발'은 crutches라고 합니다. 목발은 보통 쌍으로 되어 있기 때문에 a pair of crutches라고 하고, 목발 하나를 지칭할 때는 단수형인 crutch라고 합니다. wooden leg은 보통 나무로 된 의족을 칭합니다.

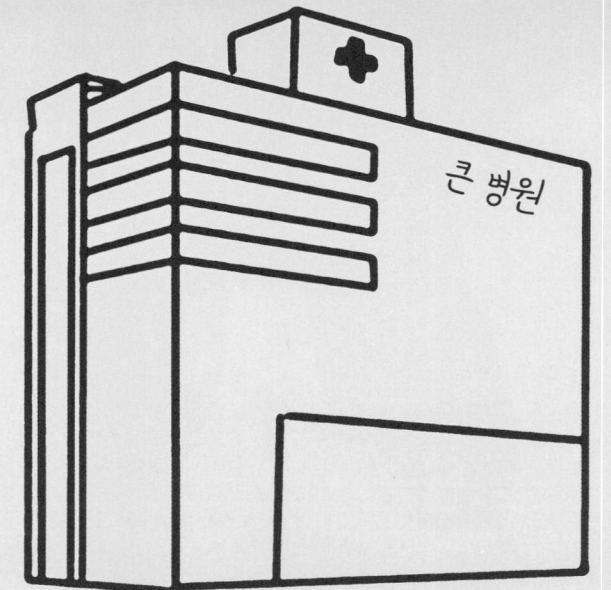

Could you find me a hospital near here?

이 근처에 있는 병원 좀 찾아줄래요?

[크우쥬 빠인ㄷ미ㅓ하ㅅ피탈 니얼히얼?]

 ID Doctor

병원을 못 찾으면 어떡하죠?

ID 김형제

요새는 스마트폰이 대중화되어서 금방 찾을 수 있지만, 그래도 못 찾겠다면 119에 전화해서 주변 병원의 위치를 물어볼 수 있습니다. 미국에서는 911에 전화하면 되지만, 구급차가 올 경우 거액의 요금이 청구될 수도 있습니다.

Can you call a cab for me?

택시 좀 불러 주실래요?

[캔유콜ㅓ캡뽈미?]

ID bestdriver
cab과 taxi의 차이가 뭔가요?

ID 김형제

cab은 cabriolet의 약자로, 예전에는 '마차'를 뜻했었습니다. 그런데 산업이 발전하면서 마차가 사라졌고, cab과 taxi를 구분해서 사용하지 않게 되었습니다. 오늘날에는 cabriolet이라고 하면 뚜껑이 열리는 컨버터블을 의미합니다.

Episode #27

벌써 피곤해

학교에 가자마자 혹은 출근을 하자마자 피곤이 몰려옵니다.
시작도 안 했는데 피곤한 하루!
하지만! 열심히 일을 해야겠지요.

에피소드 필수 표현 미리보기

1. more minutes = 몇 분 더
2. I don't feel like -ing = ~하고 싶지 않다
3. get back to the grind = 다시 일하러 가다

How many more minutes do I have left?

몇 분이나 더 남았어?

[하ㅜ매니모얼미닡ㅊ 두아ㅣ해ㅂ 레프트?]

ID 김형제

do I have left를 빼고 How many more minutes?라고 해도 됩니다.

출근하자마자
피곤하다

I'm already exhausted.

벌써 피곤해.

[아임 얼뤠리 익ㅈ허ㅓㅅ티드]

 ID 지쳤어

I'm exhausted랑 I feel exhausted는 어떻게 다른가요?

ID 김형제

I am은 '나는 이렇다'라고 지금의 상태를 나타낼 때 쓰고, I feel은 '나는 이런 것 같다(이렇게 느낀다)'라고 할 때 씁니다. 실제로 사용할 때는 크게 차이를 둘 필요는 없습니다.

I don't feel like doing anything today.

오늘 아무것도 하기 싫어.

[아ㅣ돈 삐일라읶 두잉 애니띵투데ㅣ]

ID 김형제

I feel like –ing는 '~하고 싶다', I don't feel like –ing는 '~하고 싶지 않다'라는 뜻입니다.

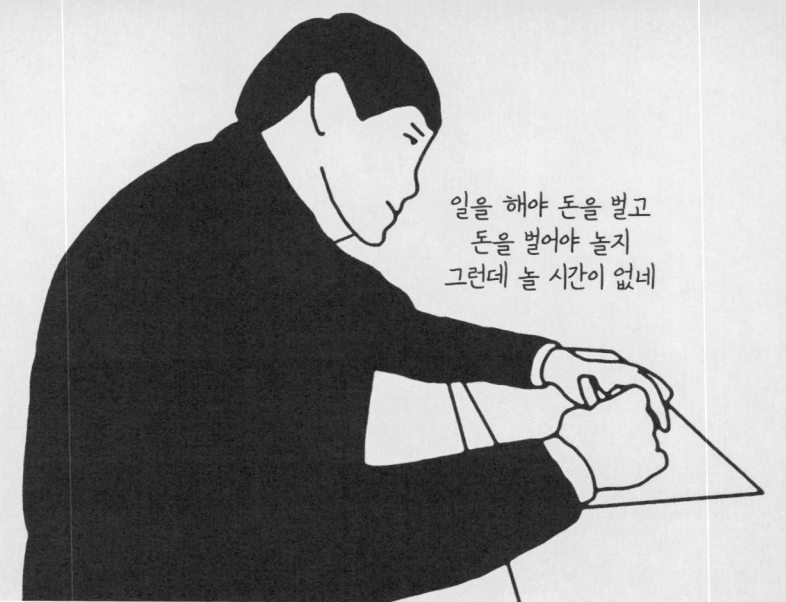

일을 해야 돈을 벌고
돈을 벌어야 놀지
그런데 놀 시간이 없네

Time to get back to the grind.

일하러 갈 시간이야.

[타임투 겥백투더ㄱ라인드]

ID 김형제

여기서 grind는 '지겹고 힘든 일'을 의미합니다. grind가 동사로 쓰이면 곡식 등을 '갈다'라는 뜻이 됩니다.

Episode #28

오버 좀 하지 마

아침에 눈을 못 뜨고 있는데
어서 일어나서 학교에 가라고 하는 어머니의 목소리.
지금도 아침이 힘들지만, 어렸을 때는 얼마나 아침이 힘들던지….
학교에 가기 싫어서 매일 꾀병 부리고 오버했던 기억이 납니다.

에피소드 필수 표현 미리보기

① wake up = 깨어나다

② can see through it = 티가 나다

③ Don't fake it. = 꾀병 부리지 마.

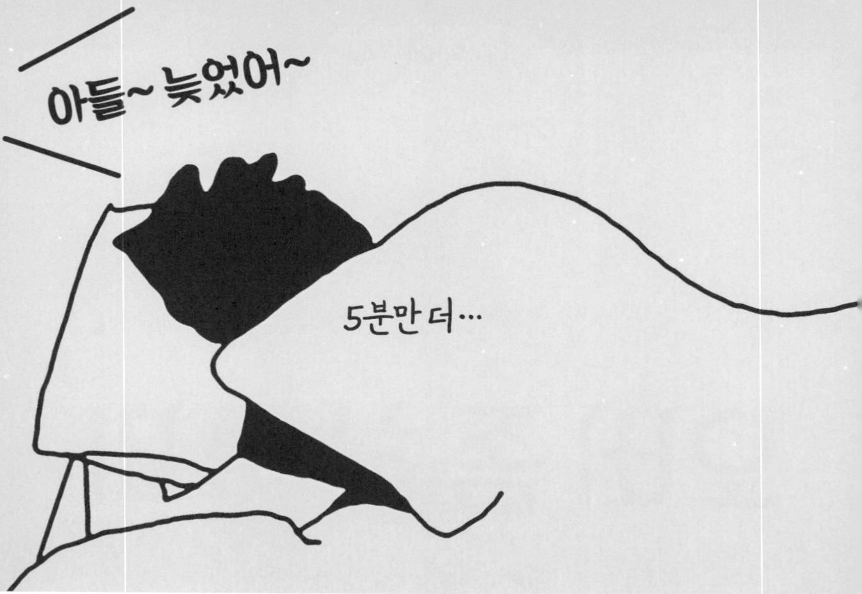

아들~ 늦었어~

5분만 더…

Son, you are late.

아들, 늦었어.

[썬, 유알래ㅣ트]

ID 침대유혹

'늦었어'는 과거형 아닌가요? were이 맞지 않나요?

ID 김형제

'너 지금 늦었어.'는 You are late., '너 어제 늦었어.'라고 할 때는 You were late yesterday., 지금 이대로라면 '너 늦어.'라고 할 때는 미래의 일이므로 You will be late.라고 합니다.

Hurry, wake up!

빨리 일어나!

[허리, 웨ㅣㅋ엎!]

ID 어른아이

wake up과 get up의 차이가 뭔가요?

ID 김형제

wake up은 정신이 깨어난 것이고, get up은 몸이 일어난 상태를 말합니다. 잠에서 깨어나(wake up) 침대에서 몸을 일으키는(get up) 것이죠.

Don't fake it.
I can see through it.

꾀병 부리지 마. 다 티 나.

[돈빼ㅣㅋ잍. 아ㅣ캔씨뜨루잍]

 ID 꾀병위신

영어엔 '꾀병'이라는 말이 없는 건가요?
Don't fake it.은 '위장하지 마.' 같아서요.

ID 김형제

네! 정확하게 짚어 주셨습니다. 현재 정황상 Don't fake it.이라는 표현이 꾀병 부리지 말라는 의미로 사용되고 있는 것뿐이고, 사실 이 표현은 거짓말하지 말라는 의미입니다. Don't fake being sick.이라고 하면 '아픈 척하지 마.'를 더 명확하게 표현하실 수 있습니다.

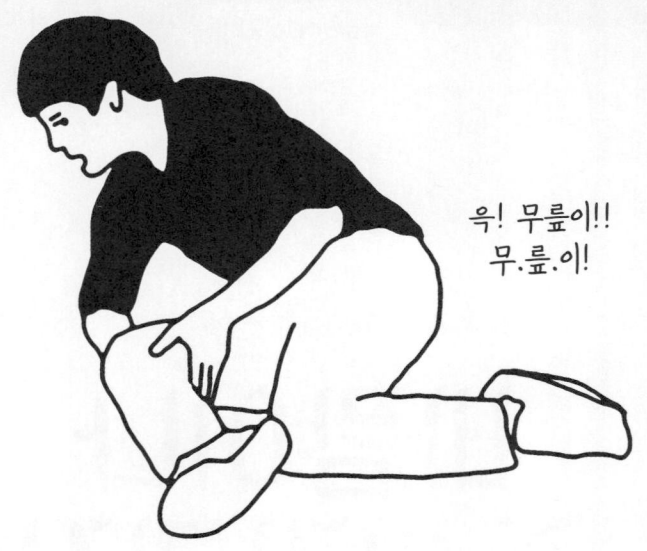

Stop exaggerating.

오버 좀 하지 마.

[ㅅ탚 익재저래ㅣ팅]

ID 행오버
'오버하지 마.'에서 '오버'가 영어의 over 아닌가요?

ID 김형제
'오버'는 overreaction에서 생긴 콩글리시로 볼 수 있습니다.
exaggerating이라는 표현도 많이 쓰니까 잘 알아두세요.

Episode #29

바람이나 좀 쐬러 가자

갑자기 답답하고 숨 쉬기가 힘들 때가 있지 않나요?
과도한 업무나 학업으로 답답함이 느껴질 때는
너무 무리하게 앉아 있는 것보다는
가볍게 산책을 하며 기분전환을 하는 것도 좋은 방법입니다.

에피소드 필수 표현 미리보기

① can't breathe = 숨을 쉴 수 없다

② stuffy = (공기가 부족해서) 답답한

③ go for a walk = 산책 가다

숨을 쉴 수가 없어

질식할 것 같아

I can't breathe.

숨을 쉴 수가 없어.

[아ㅣ캔ㅌ브리ㄷ]

ID CO2
여기서는 답답하다는 뜻으로 쓴 것 같은데, 실제로 숨이 안 쉬어질 때도 이 표현을 사용할 수 있나요?

ID 김형제
네, 둘 다 가능합니다! 실제로 숨이 쉬어지지 않을 때도 I can't breathe.라고 하고, 답답하다고 말할 때도 이 표현을 사용합니다.

It's so stuffy in here.

여기 너무 답답해.

[잍츠쏘 ㅅ터삐인히얼]

ID saida

stuff? stuff와 연관이 있는 단어인가요?

ID 김형제

stuff는 '물건'이라는 의미인데, 물건이 방 안에 꽉 차 있으면 답답하겠지요? stuffy는 공기가 탁하거나 공간이 너무 비좁아서 느끼는 답답함을 나타내는 표현입니다.

I need to get some fresh air.

바람 좀 쐬어야겠어.

[아ㅣ니ㄷ투겥썸ㅃ레쉬ㅐ얼]

ID O2

'바람'은 wind인데 air도 '바람'이란 뜻으로 쓰이나요?

ID 김형제

'바람을 쐬다'는 기분전환을 위해 잠시 외출하는 것을 말하죠? 바람이 분다고 할 때의 '바람'과는 다른 의미입니다. 바람이 불지 않는 날에도 바람을 쐬러 나갈 수 있죠.

Let's go for a walk.

산책이나 하자.

[랩츠고뽀ㅓ워-ㅋ]

ID gogogo

'go+동사'의 형태를 써서
Let's go walk.라고 하면 안 되나요?

ID 김형제

go for a walk는 '산책하러 가다'라는 의미의 숙어입니다. Let's go walk.는 정원이나 산책로를 앞에 두고 쓰지 않는 이상 어색합니다. '나와 같이 걸으며 이야기하자.'라는 의미의 Walk with me.도 같이 알아두세요.

Episode #30

늘 만나는 곳에 있어

어디냐고 물어보면
늘 만나는 곳에 있다고 하는 친구들.
항상 아지트에 모여 있던 친구들이 그립네요!

에피소드 필수 표현 미리보기

1. usual hangout = 항상 가던 곳
2. beat = 피곤한
3. chill out = 만나다

We are at our usual hangout.

우리 늘 만나는 데 있어.

[위알 앹 ㅏ얼 ㅠ쥬얼 행 아웃]

ID skippe

hangout은 '어울려 놀다'라는 뜻 아닌가요?

ID 김형제

hang out은 '어울려 놀다'라는 뜻의 동사이고, hangout은 '자주 방문하는 장소'라는 뜻의 명사입니다. 띄어쓰기에 주의합시다.

Are you not coming?

너 안 와?

[알 유 낫 커밍?]

ID 출첵
'너 오냐?'라고 하려면 not을 빼면 되나요?

ID 김형제
not을 빼고 Are you coming?이라고 하면 '오고 있어?'라는 뜻이 됩니다. 뜻은 반대지만 같은 상황에서 사용하는 경우가 많고, 한국어와 마찬가지로 상대방이 늦을 때 재촉하는 용도로 많이 쓰죠.

피곤

I am so beat.

나 완전 피곤해.

[아ㅣ앰 쏘 비-ㅌ]

ID 4박자

beat은 '때리다'라는 의미 아닌가요?

ID 김형제

많이 얻어터지면 몸이 쑤시고 피곤하겠죠? so beat 또는 dead beat은 '완전 피곤한', '피곤해서 죽을 지경인'의 뜻입니다.

We are just chilling out.

우리 그냥 쉬고 있어.

[위 알 저ㅅㅌ 칠링 ㅏ웉]

ID 김형제

chill out은 원래 '긴장을 풀다'라는 뜻이지만, '진정하다', '쉬다'라는 의미도 가지고 있습니다. 함께 모여서 별일 없이 시간을 때울 때나 흥분한 상대방에게 진정하라고 할 때도 chill out을 씁니다.

📞 복습 톡톡 1

① _____ for the weekend?
주말에 계획 있어?

② _____
아무 계획 없어. 그냥 잠이나 잘 거야.

How about you?
너는 어때?

No plans either. ③ _____
아무 계획 없어. 집에 있을 거야.

Why don't we meet up?
우리 그날 만날래?

Let's go to the movies!
영화 보러 가자!

That sounds good!
좋아!

④ _____
요즘 어떤 영화가 유행해?

I am not sure. Let's check that out first.
잘 모르겠어. 먼저 확인해 보자.

---

① Do you have any plan ② No plans at all. I will just sleep in. ③ I am staying home. ④ What movies are trending nowadays?

📞 복습 톡톡 3

Whereabouts are you now?
어디쯤 오고 있어?

Are you still at home?
너 아직 집이야?

① _____
미안, 나 완전 피곤해.

② _____
너 안 올 거야?

Where are you?
어디 있는데?

③ _____
우리 늘 만나는 데 있어.

You mean the karaoke?
그 노래방 말하는 거야?

Yes. we are at the karaoke.
응. 우리 지금 그 노래방에 있어.

Come down and hang out.
와서 같이 놀자.

---

① Sorry, I am so beat. ② Are you not coming? ③ We are at our usual hangout.

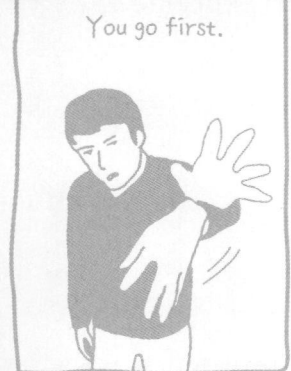

Season 4

Episode #31

손가락 베었어

'앗! 따가워!'
실수로 종이에 손가락이 베었네요.
종이를 만지다 보면 종종 손을 베이곤 하는데
이게 은근히 쓰라립니다.

에피소드 필수 표현 미리보기

1 Band-Aid = 반창고

2 ointment = 연고

3 sting = 쓰라리다

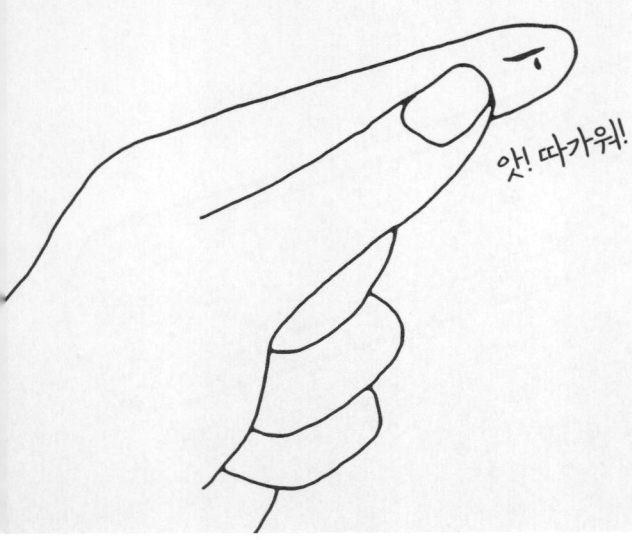

Darn, I got a paper cut.

이런, 종이에 손가락 베었어.

[다-른, 아ㅣ같ㅓ패ㅣ펄컽]

ID edge남

darn은 사전에 '꿰매다'라고 나오는데 '이런'이라는 뜻으로도 사용되나요?

ID 김형제

darn은 '빌어먹을'이라는 뜻의 damn이 순화된 표현입니다. '꿰매다'라고 할 때는 주로 stitch가 쓰이고, darn은 잘 안 씁니다.

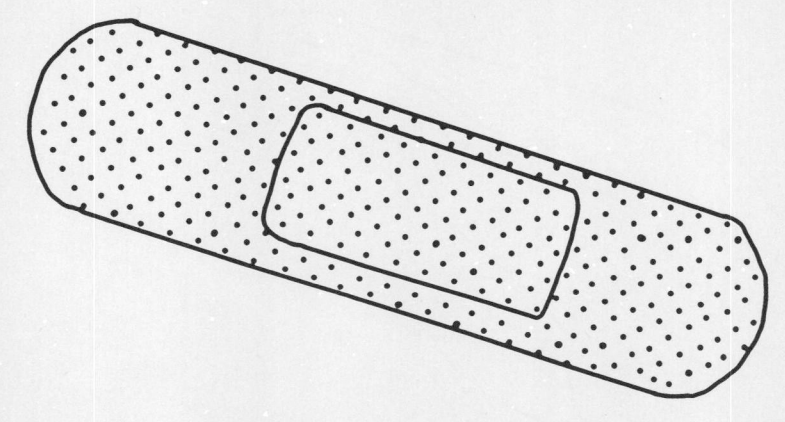

Do you have a Band-Aid?

반창고 있어?

[두유해ㅂㅓ밴ㄷㅐㅣㄷ?]

ID 나약사

반창고를 Band-Aid라고 하나요?
사전에는 plaster라고 나와 있던데요.

ID 김형제

Band-Aid는 우리나라의 대일밴드와 마찬가지로 상표명이 반창고라는 의미의 명사로 굳어져 버린 것입니다. plaster는 '석고'라는 뜻으로, 보통 '깁스'를 지칭할 때 사용됩니다.

I also need an ointment.

나 연고도 필요해.

[아이얼쏘 니드언오인트멘트]

ID 김형제

상처에 바르는 '연고'는 ointment라고 합니다. '연고를 바르다'는 apply ointment라고 표현하죠.

It stings really badly.

진짜 쓰라리다.

[잍 ㅅ팅ㅅ릐얼리뱯을리]

ID critical
원어민이 It hurts really bad.라고 하는 걸 종종 봤는데, badly 말고 bad라고 써도 되나요?

ID 김형제
bad와 badly를 현지인들도 잘못 사용하는 경우가 많습니다. sting이라는 동사를 꾸며 주는 자리이므로 부사 badly를 쓰는 것이 맞습니다.

Episode #32

진절머리가 나!

급한 업무를 처리하다가 중간중간에 사라져 버리는 팀원,
찾을 때마다 자리에 없으면 정말 화가 나겠죠?
마감 시간이 정해져 있는 업무일수록
주변 사람 입장에서는 더 피가 마릅니다.

에피소드 필수 표현 미리보기

1. **urgent matter** = 급한 문제

2. **text** = 문자

3. **as soon as possible** = 최대한 빨리

진절머리가 난다!

I'm so fed up.

진짜 진절머리가 난다.

[아임 쏘 뻬 ㄷ 엎]

ID 마감폐인
fed up은 화날 때 쓰는 말인가요?

ID 김형제

fed up은 '화난'이라는 뜻의 angry와는 조금 다른 의미입니다. 어떤 원치 않는 일이 지속적으로 반복되어 짜증이 날 때 fed up을 사용합니다.

급한 문제야!

It's an urgent matter.

아주 급한 문제야.

[잍ㅊ언얼젠ㅌ메럴]

ID 나무늘보
'얼마나 급한데?'라고 물어보려면 뭐라고 해야 하나요?

ID 김형제
How urgent is it?라고 하시면 됩니다.

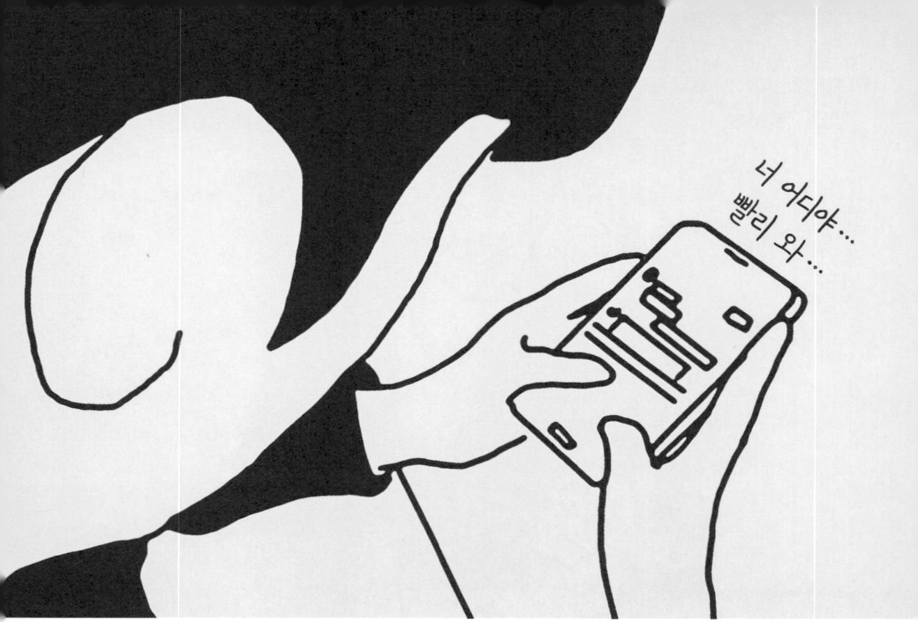

Did you text him?

그에게 문자 했어?

[디쥬텍ㅅㅌ힘?]

ID 김형제

text는 원래 '본문', '문서'라는 뜻인데, 휴대폰의 '문자 메시지'를 뜻하기도 합니다. '문자 메시지를 보내다'라는 뜻의 동사로 쓰이기도 합니다.

Tell him to come to the office as soon as possible.

그에게 당장 사무실로 오라고 전해.

[텔힘 투컴투디ㅗ삐ㅆ 애ㅈ순애ㅈ파써블]

ID 김형제

흔히 as soon as possible을 줄여서 ASAP이라고 씁니다. 발음은 '에이에스에이피' 혹은 '에이쎕'이라고 합니다.

Episode #33

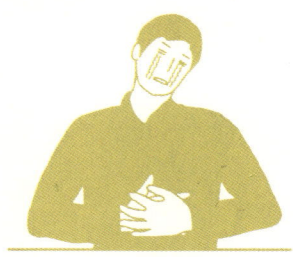

체했어!

속이 불편할 때는 점심시간이 다가와도 전혀 기쁘지 않죠.
잘못 체하면 몸을 가누기조차 쉽지가 않은데요.
메슥거리는 속은 시간과 약만이 해결해 주겠죠.

에피소드 필수 표현 미리보기

① go grab a bite = 뭐 먹으러 가다

② feel better soon = 빨리 낫다

③ Tell me if you need ~ = ~ 필요하면 말해

Do you want to go grab a bite?

뭐 좀 먹으러 갈래?

[두유원ㅌ투고 그래ㅂㅓ바ㅣㅌ?]

ID SoulofHunger

grab a bite는 eat이랑 어떤 차이가 있나요?

ID 김형제

eat은 식사를 하는 것을 말하고, grab a bite는 간단히 끼니를 때우는 것을 말합니다. 근사한 코스 요리를 먹으러 갈 때 grab a bite를 써서 '끼니나 때울래?'라고 말하면 허세를 부리는 것처럼 느껴집니다.

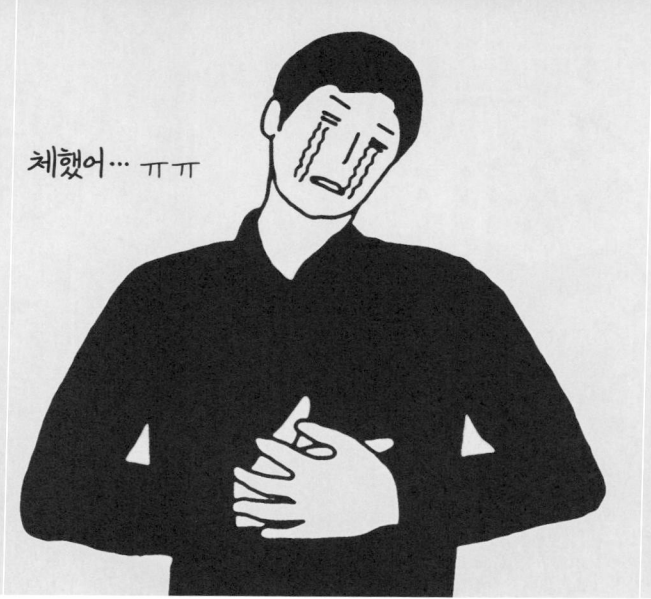

Sorry, I have an upset stomach.

미안한데, 나 체한 것 같아.

[쏘리, 아ㅣ해ㅂ언엎쎌ㅅ토맥]

ID pileup

upset stomach를 아랫배가 아플 때 써도 되나요?

ID 김형제

아닙니다. upset stomach은 '체했다'와 정확히 같은 표현입니다. 증상은 정도에 따라 다르지만 보통 윗배가 아프고 메스꺼움이나 트림 등이 따를 수 있습니다.

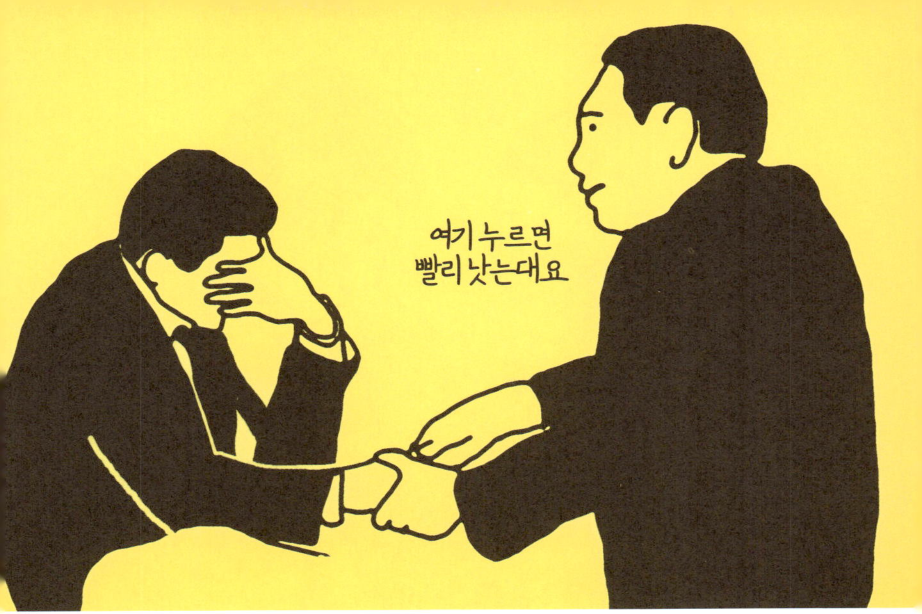

여기 누르면
빨리 낫는대요

I hope you feel better soon.

빨리 낫길 바라요.

[아ㅣ호ㅍ 유삘-베럴 순-]

ID 김형제

feel better는 get well 또는 get better로 바꿔 쓸 수 있습니다.

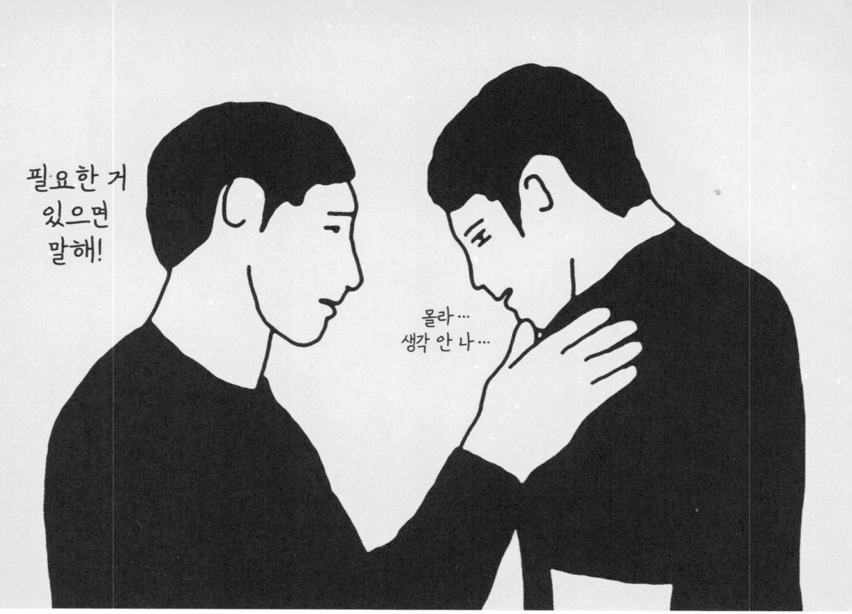

필요한 거
있으면
말해!

몰라…
생각 안 나…

Tell me if you need anything.

뭐 필요하면 얘기해.

[텔미 이ㅍ유니ㄷ애니띵]

ID timing

꼭 아플 때 저런 말을 많이 듣는데, 정작 그때는 아파서 생각나는 게 없습니다.

ID 김형제

어쩌면 그것을 노린 말일지도 모릅니다. 뭐가 필요하다고 하면 당황할지도 몰라요. '언제 한잔 해야지?'(We should have a drink sometime.)와 같이 인사치레로 하는 말이죠.

Episode #34

폭풍흡입했어

너무 맛있는 음식들과
그에 비례해서 나날이 늘어가는 몸무게.
이 살들을 언제쯤 뺄 수 있을까요?
오늘도 뱃살을 움켜쥐며
폭풍흡입을 한 자신에게 또 실망합니다.

에피소드 필수 표현 미리보기

① chubby = 통통한

② love handles = 뱃살

③ get rid of ~ = ~을 없애다

I've got so chubby.

나 너무 통통해졌어.

[아ㅣㅂ같쏘처비]

ID 보디빌더

chubby라는 단어는 처음 보는데, 그냥 fat이라고 하면 안 되나요?

ID 김형제

fat은 부정적인 뉘앙스가 있어서, 자신에 대해 fat이라고 말하는 것은 괜찮지만 다른 사람에 대해 이야기할 때는 chubby라고 하는 것이 적절합니다.

Lately, I've been eating like a horse.

최근에 폭풍흡입하고 있어.

[래ㅣ틀리, 아ㅣㅂ빈-잍잉 라ㅣㅋㅓ홀스]

ID 말새
말처럼 먹는 게 많이 먹는 거면 조금 먹을 때는 뭐라고 표현하나요?

ID 김형제

그럴 때는 새처럼 먹는다고 표현합니다. horse 대신 bird를 사용해서 eat like a bird라고 하죠. 대형 조류가 아닌 이상 새가 먹어 봤자 겠죠?

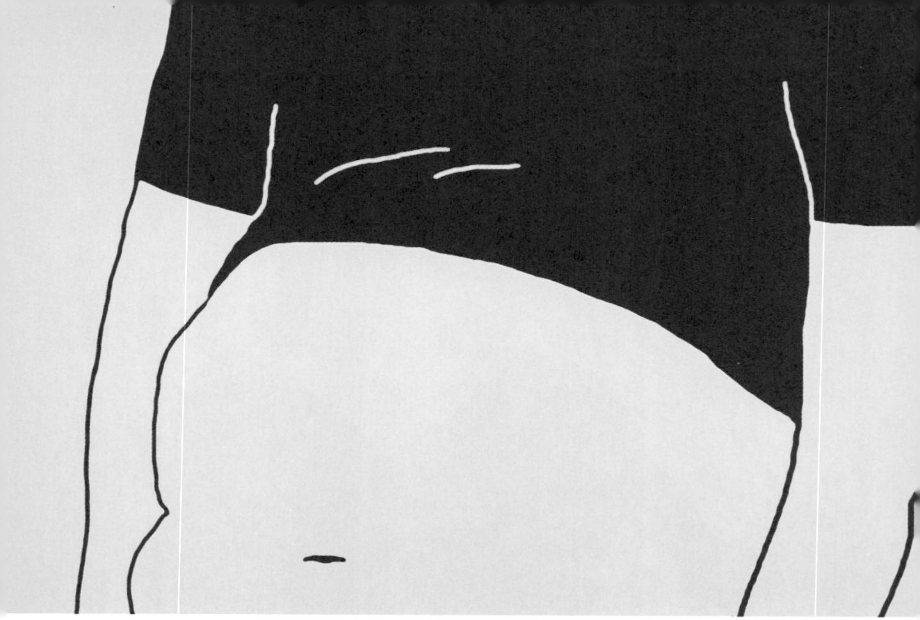

I've got love handles.

뱃살이 생기고 있어.

[아ㅣㅂ갇 러ㅂ핸들ㅅ]

ID 머핀탑
뱃살은 사랑스럽지 않은데 왜 love라는 단어가 붙어 있나요?

ID 김형제
연인이 허리를 두 손으로 감을 때 손잡이처럼 잡힌다고 해서 love handles라고 표현합니다. 미국에는 비만 인구가 30퍼센트가 넘기 때문에 비만에 대해 관대한 편이죠. 그래서 이런 표현도 나온 것 같습니다.

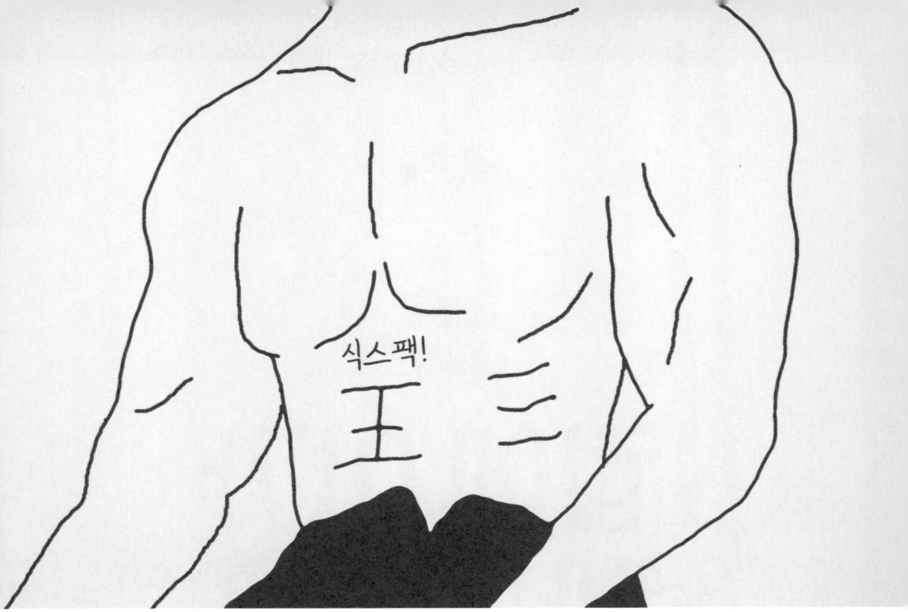

식스팩!
王

I will get rid of them someday.

언젠가는 없애 버릴 거야.

[아ㅣ윌겥 리ㄷㅗㅂ뎀 썸대ㅣ]

ID 몸짱

술 때문에 찐 '술배'는 뭐라고 하죠?

ID 김형제

'술배'는 beer(맥주)와 belly(아랫배)를 합쳐 bear belly라고 합니다. 애주가들이 난 맥주가 좋으니 어쩔 수 없다는 식으로 자신을 변호할 때 자주 쓰는 표현이죠!

Episode #35

컵에 이가 빠졌어요

가끔 카페나 식당에 가면
컵에 이물질이 묻어 있거나
컵이 살짝 깨져 있는 경우가 있죠?
이럴 때는 당황하지 말고 컵을 바꿔 달라고 말해 봅시다.

에피소드 필수 표현 미리보기

1. ask ~ a favor = ~에게 부탁을 하다
2. Can I get ~? = ~해 줄래요?, ~해 주세요
3. stain = 얼룩

저기요?

May I ask you a favor?

부탁 좀 해도 될까요?

[매ㅣ아ㅣ애ㅅㅋ유ㅓ빼ㅣ볼?]

ID 지방자치단체

favor가 아니라 favour 아닌가요?

ID 김형제

미국식 스펠링은 favor, 영국식 스펠링은 favour입니다. 다른 예로 color와 colour, center와 centre도 같이 알아두세요.

컵 바꿔 드리겠습니다

Can I get a new cup please?

새 컵으로 바꿔 주시겠어요?

[캔아ㅣ겟ㅓ뉴컾플리즈?]

ID 김형제

새 컵을 달라는 건 컵을 바꿔 달라는 의미겠죠. get 동사를 쓴 것에 주목하세요.

There are stains on the glass.

잔에 더러운 게 묻어 있어요.

[데얼아ㅅ태인ㅅ 온더글래ㅆ]

ID 김형제

여기서 stain은 가산명사로 취급하여 복수 형태로 사용했습니다. 가산명사와 불가산명사의 쓰임은 영어 학습자들이 많이 헷갈리는 것 중에 하나입니다. 대부분은 틀려도 의미 전달에는 문제가 없으니 머뭇거리지 말고 자신 있게 말합시다.

Also, this cup has a chip.

그리고 이도 빠져 있네요.

[얼쏘, 디ㅆ컵해ㅈ어칲]

ID dentist

has a chip이 어떻게 '이가 빠져 있다'라고 해석이 되는 건가요?

ID 김형제

chip에는 '이가 빠진 흔적'이라는 의미가 있습니다. has a chip을 직역하면 '이가 빠진 흔적을 갖고 있다'이니 '이가 빠져 있는' 것을 말하겠죠.

Episode #36

내 것
뺏어 먹지 마!

한 입만 먹으려고 하는데 야속하게 구는 친구들.
음식은 원래 나눠 먹어야 제맛인데 말이죠.
음식을 나눠 먹는 것을 싫어하는 친구가 있나요?

에피소드 필수 표현 미리보기

1. **have it all** = 다 가지다, 다 먹다
2. **gluttonous** = 식탐 있는
3. **learn how to share** = 나누는 것을 배우다

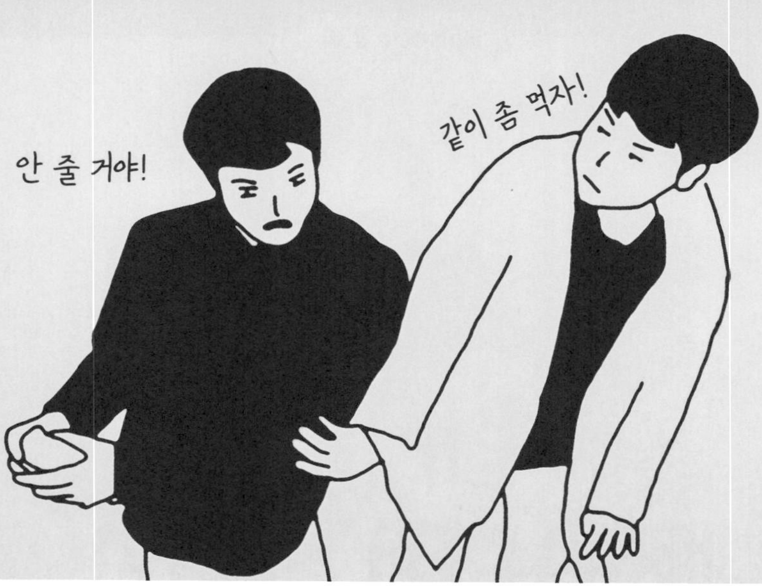

Don't steal from my dish!

내 것 뺏어 먹지 마!

[돈ㅅ틸쁘럼마ㅣ디쉬]

ID 욕심쟁이

만약 음식이 접시에 담겨 있지 않으면 뭐라고 해야 하나요?

ID 김형제

음식이 접시에 담겨 있지 않더라도 Don't steal from my dish.라고 해도 됩니다. 영 마음에 걸린다면 Don't steal my food.라고 해도 됩니다.

I'm gonna have it all.

이거 다 내가 먹을 거야.

[아임고나 해ㅂ잍올]

 ID 다내꺼
'다 먹을 거야'가 아니라 '다 가질 거야'라는 뜻 아닌가요?

ID 김형제
have는 뒤에 음식이 오면 '먹다'라는 뜻이 됩니다. 여기서는 먹는 얘기를 하고 있으니 '다 먹을 거야.'라고 해석하는 게 자연스럽겠죠.

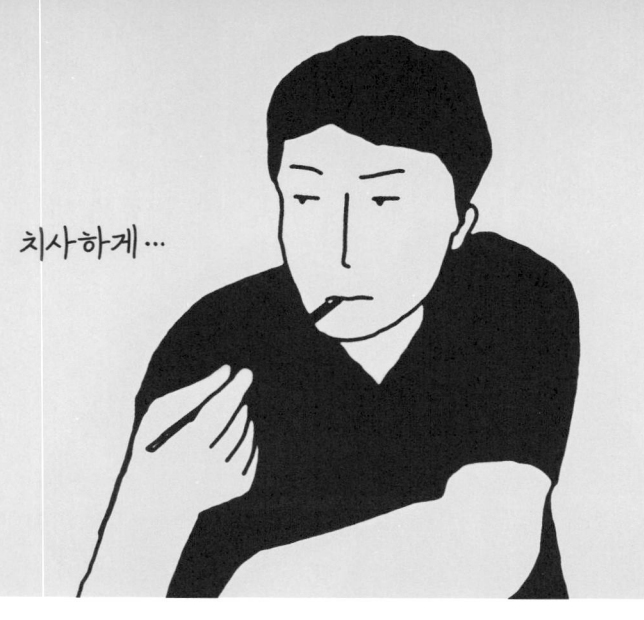

You are so gluttonous.

너 진짜 식탐 많다.

[유알쏘 글럳토노-ㅅ]

 ID 한창클때

'식탐 많다'라는 표현을 보니 문득 '식욕이 왕성하다'라는 표현이 궁금해집니다.

ID 김형제

'식욕이 왕성하다'는 have a good[big] appetite라고 합니다. 식당에서 나오는 appetizer는 '식욕을 돋우는 것'이라는 뜻입니다.

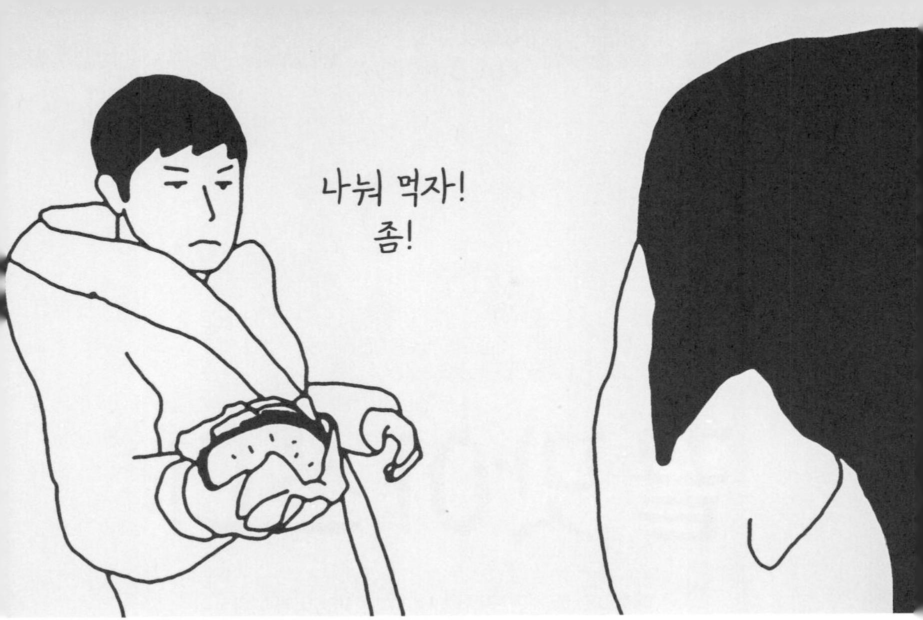

You must learn how to share.

베풀 줄도 알아야지.

[유머스트러-언 하ㅜ투셰얼]

ID 간D

must, need to, have to, should의 차이점을 알고 싶어요.

ID 김형제

굉장히 긴 설명이 필요하지만 간략하게 요점만 정리하면 must는 '꼭 해야 한다', need to는 '(개인의 이득을 위해서) 할 필요가 있다', have to는 '(외부의 압력에 의해서) 해야 한다', should는 '하는 게 좋다(이득이 있다)'입니다.

Episode #37

끝 맛이 쓰다

대형 마트에 가면 모두 다 사고 싶은 마음이 듭니다.
그리고 마트 하면 시식 코너 또한 빼놓을 수 없죠.
시식 코너에서 한 입 먹어 봤는데
끝 맛이 쓰다면 뭐라고 할까요?

에피소드 필수 표현 미리보기

1. new product = 신제품
2. however = 어쨌든
3. have a sip = 한 모금 마시다

How does the new product taste?

신제품 맛이 어때?

[하ㅜ더ㅈ더뉴ㅍ로덕ㅌ태이ㅅㅌ?]

ID 박쥐

taste는 '맛보다'라는 의미 아닌가요?

ID 김형제

taste는 '맛', '기호', '맛보다', '맛이 나다' 등 여러 가지 의미를 가지고 있습니다. 여기서는 '맛이 나다'라는 뜻으로 쓰였습니다.

It's decent. However…

괜찮네. 그런데….

[잍ㅊ디쓴ㅌ. 하ㅔ벌…]

ID 미식가

'나쁘지 않다'를 It's not bad.라고 해도 되나요?

ID 김형제

It's not bad.라고 해도 괜찮습니다. decent는 '수준이나 질이 괜찮은'이라는 뜻입니다.

It has a bitter aftertaste.

뒷맛이 써.

[잍 해ㅅ어비럴 애ㅃ털태ㅣㅅㅌ]

ID 구오메이
'뒷맛'이라는 표현이 영어에도 있었군요?

ID 김형제
사람 사는 곳은 어디나 비슷하고, 언어는 달라도 생각이 비슷한 경우가 많습니다. 영어에도 aftertaste처럼 한국어와 표현 방식이 똑같은 단어들이 꽤 많습니다.

Why don't you have a sip?

너도 한 모금 마셔 봐.

[와ㅣ돈츄해ㅂㅓ씹?]

 ID 오아시스

Why don't you ~?는 약간 강요하는 느낌이 들지 않나요?

ID 김형제

Why don't you~?는 '왜 ~ 안 해?'라고 직역하기보다 '~하는 게 어때?'라고 해석하시는 게 좋습니다. 권유하거나 제안할 때 정말 많이 쓰는 표현이고, 강요의 의미는 없습니다.

Episode #38

너 진짜 치사하다

회사 동료가 커피를 사 왔는데 내 것을 빠뜨렸네요.
사실 별거 아니지만, 섭섭한 마음이 드는 건 어쩔 수 없습니다.
'다음에는 내 것도 부탁해~.'라며 쿨한 척했지만,
이런 작은 일에 더 섭섭해지는 법이죠.

에피소드 필수 표현 미리보기

① mine = 내 것

② whose = 누구의

③ grab one for me = 내 것도 가져다주다

아메리카노~

Whose coffee is this?

이거 누구 커피야?

[후ㅈ커쀠이ㅈ디ㅆ?]

ID 초노인
Whose is this coffee?는 안 되나요?

ID 김형제

문법적으로는 문제가 없지만, 현대 영어에서는 잘 쓰지 않는 표현입니다. 성경이나 셰익스피어 소설 같이 오래된 책에서 볼 수 있는 old English(고어체)이죠.

Where is mine?

내 것은 어디 있어?

[웨얼이ㅈ마인?]

ID 김형제

mine은 '내 것'이라는 의미의 소유대명사입니다. 여기서는 my coffee를 뜻하겠죠.

You are so cheap.

너 진짜 치사하다.

[유알 쏘췹–]

ID 싸요
cheap이 '값싼'이라는 뜻인데, 너무 강한 비난 같아요.

ID 김형제
cheap은 '치사한'이라는 뜻도 가지고 있습니다. 멸시하는 뉘앙스의 표현은 아닙니다.

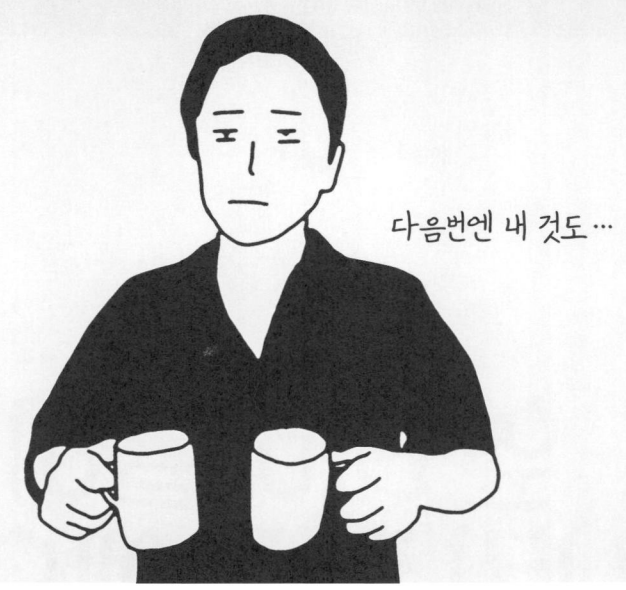

다음번엔 내 것도…

Please grab one for me next time.

다음번엔 내 것도 부탁해.

[플리ㅈ 그래ㅂ원뽈미 넥ㅅ트타임]

 ID 미래인
next time 대신 in the future를 써도 되나요?

 ID 김형제

이 말에 in the future를 쓰면 부자연스럽습니다. 우리말로 '미래에는 내 것도 부탁해'라고 바꿔 봐도 어색하죠?

Episode #39

옆 테이블이
시킨 거 뭐예요?

음식을 고를 때마다 뭘 시킬지 결정을 못하겠습니다.
옆 테이블에서 먹는 건 다 맛있어 보이죠.
군침이 돕니다.
그래서 꼭 저도 같은 걸로 주문하게 됩니다.

에피소드 필수 표현 미리보기

① **over there** = 저쪽

② **mouth-watering** = 군침 돌게 하는

③ **same dish** = 같은 음식

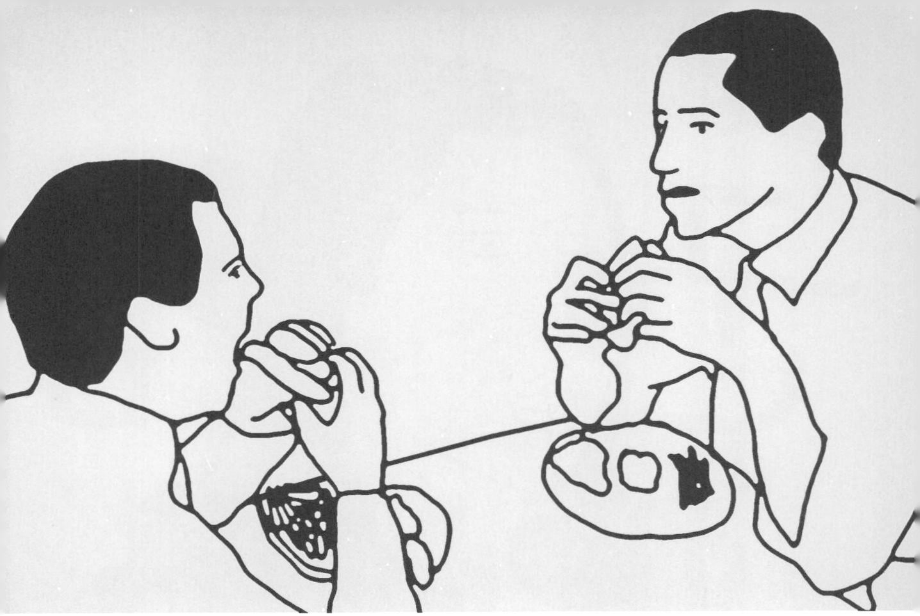

What have they ordered over there?

옆 테이블에서 시킨 거 뭐예요?

[왙 해ㅂ데이올덜ㄷ ㅗ벌데얼?]

ID over마
there과 over there의 차이는 뭔가요?

ID 김형제

there은 '저기', '거기'라는 뜻이고, over there는 어떤 대상을 손가락으로 가리키면서 '바로 저기'라고 말할 때 씁니다. 가리키는 대상의 범위를 좀 더 줄여 정확히 어떠한 것을 지칭하는 것이죠.

It looks really mouth-watering.

정말 군침 돌게 생겼네요.

[잍 룩ㅆ릐얼리 마우ㅆ워터링]

ID 오리주둥이
음식 때문에 나오는 군침 말고 그냥 '침'은 영어로 뭐예요?

ID 김형제
'침'은 영어로 saliva라고 합니다. spit도 '침'이라는 뜻을 갖고 있지만, '침을 뱉다'라는 동사로 더 많이 쓰입니다.

같은 걸로 주세요

I'd like to have the same dish, please.

저도 같은 걸로 주세요.
[아ㅣㄷ라읶투해ㅂ더쌔임디쒸, 플리지]

ID 따라쟁이
dish는 '접시' 아닌가요?

ID 김형제
dish는 '접시'라는 뜻도 있지만, 웨이터에게 주문할 때 쓰면 '요리'를 가리킵니다.

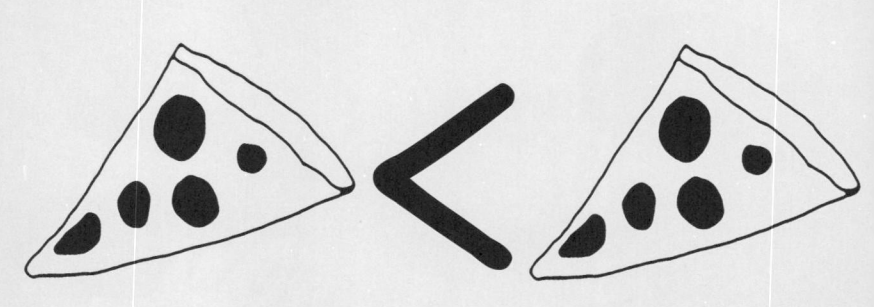

The grass always looks greener on the other side.

남의 떡이 더 커 보인다.

[더 ㄱ래ㅆ 얼웨ㅣㅈ룩ㅆ ㄱ리널 온디아덜싸이ㄷ]

 ID 나메떡
뜻이 완전 다른 것 같은데요?

ID 김형제
이 문장을 직역하면 '다른 집의 잔디가 항상 더 푸르게 보인다.'입니다. 서양에는 마당에 잔디를 기르는 단독 주택이 많은데, 내 집 마당의 잔디보다 다른 집 마당의 잔디가 더 푸르게 보여서 배가 아프다는 말입니다.

Episode #40

다리에 쥐났어

갑자기 통증이 느껴질 때가 있죠?
꼭 바쁘거나 중요한 순간에 다리에 쥐가 납니다.
통증이 쉽게 가시지가 않을 때는
일행들에게 먼저 가라고 해야겠죠.

에피소드 필수 표현 미리보기

1. won't get away = 가시지 않다
2. go first = 먼저 가다
3. hold on = 잠시 멈추다

Hold on.

잠깐만.

[홀ㄷ온]

ID 김형제

'잠시 기다려'라는 의미의 표현은 여러 가지가 있습니다. Hang on., Wait up., One second., Hold up. 등도 같이 알아둡시다.

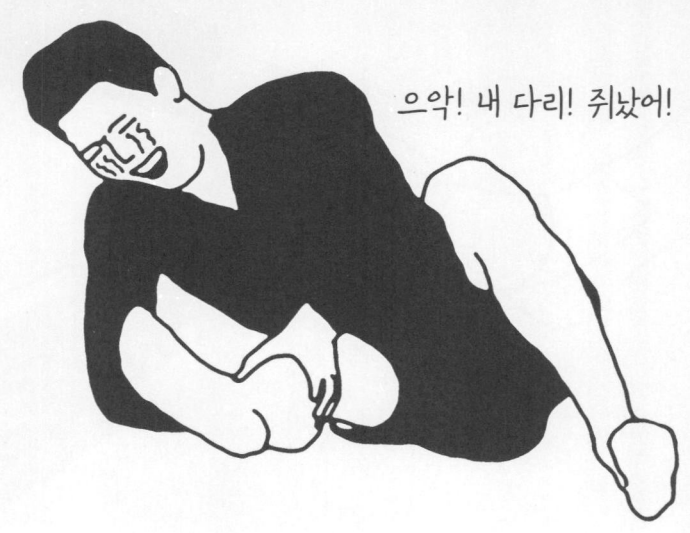

I'm having leg cramps.

나 다리에 쥐났어.

[아임해빙레그크램프스]

ID 괭이
cramp가 정확히 무슨 뜻인가요?

ID 김형제

cramp는 근육의 '경련'을 뜻합니다. 또한 '생리통'을 얘기할 때 cramp를 쓰기도 합니다.

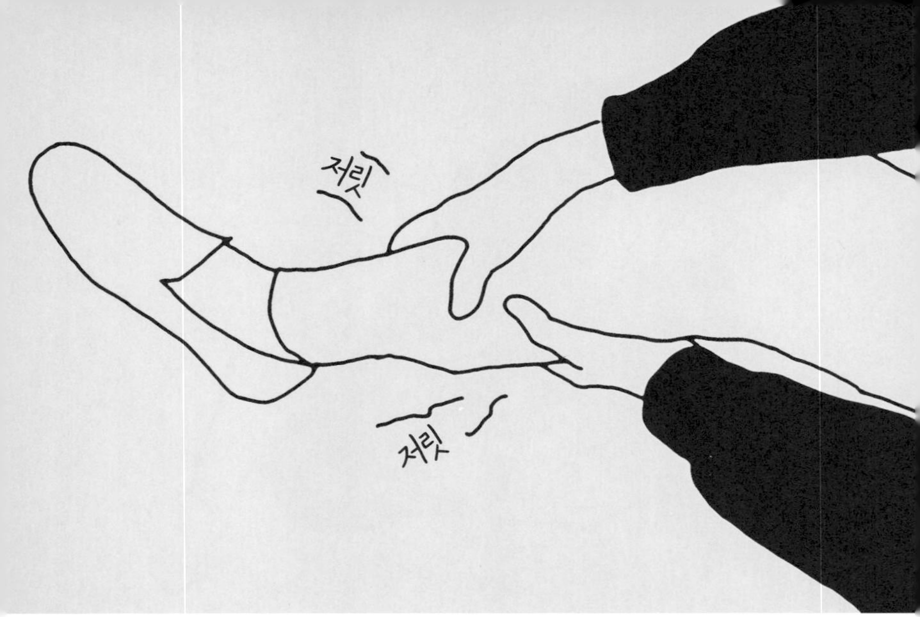

It won't get away.

가시질 않아.

[잍ㅜ온ㅌ겥어눼ㅣ]

ID 김형제

이 표현에서 it은 앞 문장과 연결이 되어 '경련'을 뜻합니다. it은 상황에 따라서 가리키는 것이 달라지니 의미를 파악하는 것이 중요합니다.

You go first.

너 먼저 가.

[유 고 뽈ㅅㅌ]

 ID 니꺼내꺼

'금방 따라갈게'라고 덧붙이려면
뭐라고 해야 하죠? follow you?

 ID 김형제

I will catch up with you.라고 하면 됩니다. 영국에서는 I will catch you up.이라고도 합니다.

복습 톡톡 1

① Darn, I got a paper cut.
제길, 종이에 손가락 베었어.

Again? **②** You are so clumsy.
또? 너 엄청 칠칠맞구나.

③ It stings really badly.
엄청 쓰라리네.

④ It won't get away.
가시질 않아.

Be careful next time.
다음번에는 조심해.

⑤ I'm so fed up with this paper cut.
종이에 손 베이는 거 진짜 진절머리 나.

⑥ Do you have a Band-Aid?
반창고 있어?

Yes, I think I have it somewhere.
어, 어딘가에 있을 거야.

⑦ Hold on.
잠시만.

① Darn, I got a paper cut. ② You are so clumsy. ③ It stings really badly. ④ It won't get away. ⑤ I'm so fed up ⑥ Do you have a Band-Aid? ⑦ Hold on.

📞 복습 톡톡 2

I am a little hungry. ① _____
조금 출출하다. 뭐 간단하게 먹으러 갈래?

No. I am on a diet.
아니. 나 다이어트 하는 중이야.

So, aren't you getting anything?
그래서 너 아무것도 안 먹을 거야?

I won't. ② _____
안 먹어. 나 너무 뚱뚱해.

Lately, ③ _____
최근에 폭풍흡입했어.

Also, ④ _____
그리고 나 뱃살도 생기고 있어.

You sure? Okay, then I am only getting mine.
정말이야? 알았어. 그럼 내 것만 사 가지고 올게.

⑤ _____
내 거 뺏어 먹지 마!

You are so cheap!
너 진짜 치사하다!

---

① Do you want to go grab a bite? ② I got so chubby. ③ I eat like a horse. ④ I've got love handles.
⑤ Don't steal my food!

📞 복습 톡톡 3

People say our new product is not great!
사람들이 그러는데 우리 신제품 별로래요!

What are the reasons?
이유가 뭐야?

Most said ①_____
대부분 맛이 나쁘지는 않은데….

However?
않은데?

②_____
끝 맛이 쓰대요.

B.I.T.T.E.R. A.F.T.E.R.T.A.S.T.E?
끝.맛.이. 써???

③_____
김형제한테 당장 사무실로 오라고 해!

He is away.
자리에 없는데요.

Where is he? ④_____
어디 갔어? 급한 문제인데!

---

① it's decent. However… ② It has a bitter aftertaste. ③ Tell 김형제 to come to the office as soon as possible! ④ It's an urgent matter!

Episode #41

걔는 맨날 말만 잘해

여럿이 같이 진행하던 일의 중간 점검 날!
아무것도 안 하고 있는 동료를 보면 화가 치밀어 오릅니다.
혹시 그룹 프로젝트를 하다가 이런 일 겪어 보신 적 있나요?

에피소드 필수 표현 미리보기

① all talk and no action = 말뿐이고 행동을 안 함

② can't trust him = 그를 신용할 수 없다

③ Is there no one else? = 누구 다른 사람 없어?

He always talks big.

걔는 맨날 말만 잘해.

[히 얼웨ㅣㅈ 톡ㅅ빅]

ID 불신지옥

talks big이 '시끄럽게 말한다'라는 뜻 아닌가요?

ID 김형제

talks big은 말을 웅장하고 거창하게 하는 것을 말합니다. 시끄럽게 떠든다고 할 때는 big 대신 loudly를 사용해서 talks loudly라고 하면 됩니다.

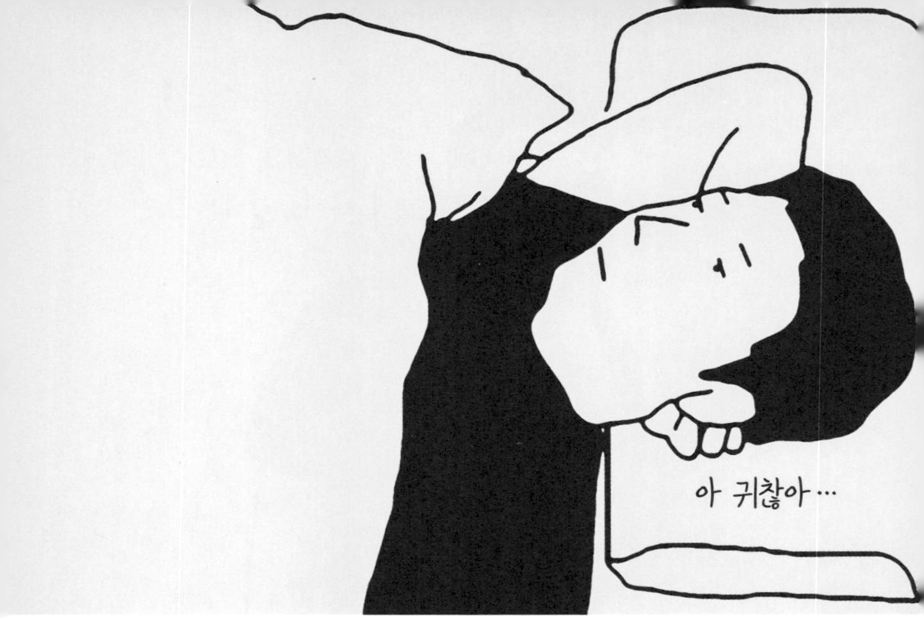

He's all talk and no action.

걔는 말뿐이고 행동을 하지 않아.

[히즈 올토ㅋ앤노-액션]

ID 쓰잘댁
'허세를 부리다'는 영어로는 뭐라고 하나요?

ID 김형제
'허세를 부리다'는 put on airs라고 합니다. 그리고 포커에서 흔히 쓰는 용어인 bluff라는 단어도 자주 씁니다.

또 당했어!

I can't trust him anymore.

더 이상 그를 신용할 수가 없어.

[아 | 캔ㅌㅌ러ㅅㅌ힘 애니모얼]

ID 불신지옥

trust 대신 believe를 사용해도 되나요?

ID 김형제

trust와 believe는 둘 다 '믿다'라는 뜻이지만, 어감이 다릅니다. believe는 주로 사실에 대한 믿음을, trust는 능력에 대한 신뢰를 말합니다. believe는 '믿다', trust는 '믿고 맡기다'라고 생각하면 이해하기 쉽습니다.

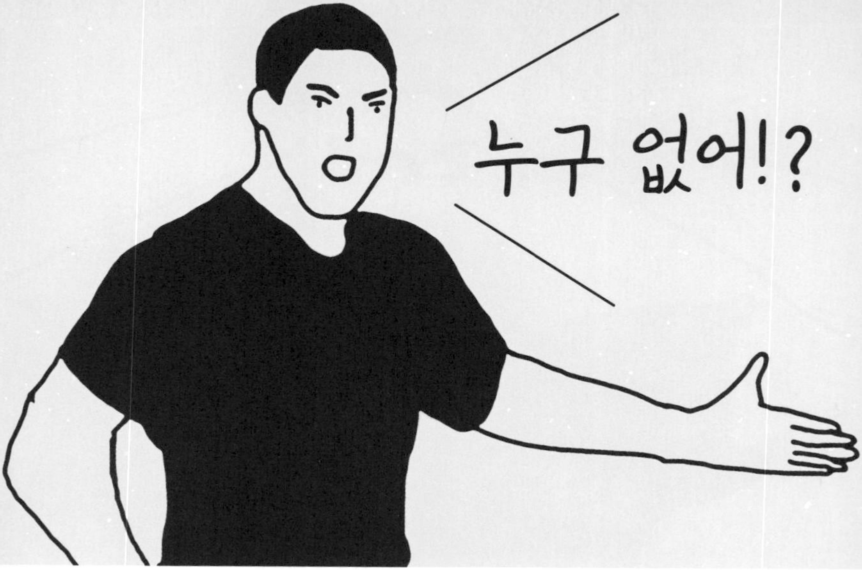

Is there no one else but him?

걔 말고 다른 사람 없어?

[이ㅈ데얼 노-원애얼ㅆ 벝힘?]

ID 성부장
no one else 대신 nobody는 어때요?

ID 김형제
no one else 대신 nobody를 써도 동일한 뜻입니다.

Episode #42

거짓말하지 마!

'지금은 전화를 받을 수 없어… 뚜뚜뚜….'
또 연락이 안 되는 상황에 슬슬 참을성에 한계가 오고 있습니다.
물론 너무 바쁘면 연락을 못할 수 있지만,
조금만 신경 쓰면 간단한 통화 한 번으로
서로에게 믿음을 줄 수 있습니다.

에피소드 필수 표현 미리보기

1. **last night** = 어젯밤

2. **answer the phone** = 전화를 받다

3. **keep in touch** = 연락하다

Where were you last night?

어젯밤에 어디 갔었어?

[웨얼 웤유 라ㅅㅌ나잍?]

ID 의심병

yesterday night이라고 하면 안 되나요?

ID 김형제

yesterday night도 틀린 표현은 아니지만, last night을 보편적으로 씁니다. 참고로 '어제 아침', '어제 오후'라고 할 때는 last를 붙이지 않습니다. last morning이나 last afternoon은 말하는 시점에 따라 '오늘 오전'이나 '오늘 점심'을 뜻하게 되기 때문입니다.

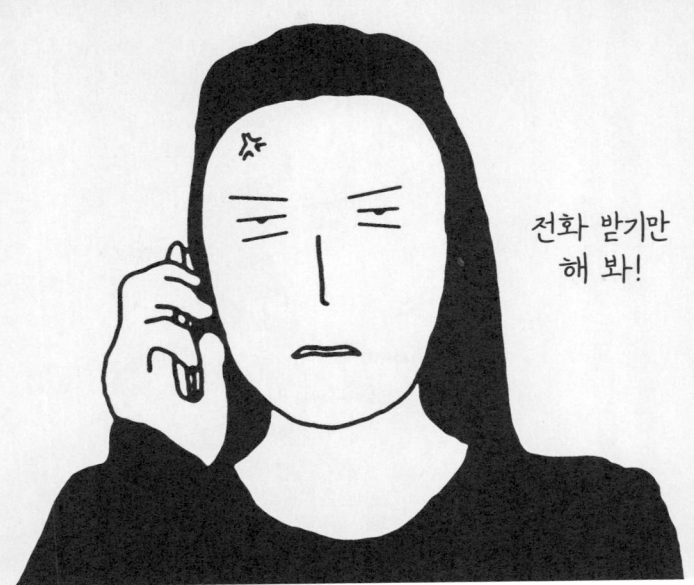

You didn't even answer the phone.

전화도 안 받고.

[유디든 ㅣ븐앤썰더뽄]

ID 2am

기지국 문제로 전화를 못 받았다고 하고 싶은데, 기지국은 영어로 뭐죠?

ID 김형제

기지국의 명칭도 여러 가지지만 흔히 cell tower라고 불리는데요, 한국은 기지국 때문에 전화가 안 되는 일은 거의 없으니 출장 갔을 때만 이렇게 말하는 게 좋을 것 같습니다!

연락이라도 좀 해!

Just keep in touch next time you're out late.

다음부터 늦게 올 거면 연락 좀 해.
[저ㅅㅌ킾인터치 넥ㅅㅌ타임 유알ㅏ웉레이ㅌ]

ID 컬러링
연락이라는 단어가 보이지 않습니다! 숙어를 쓴 것 같은데 뭐를 어떻게 해석해야 하나요?

ID 김형제
keep in touch가 '연락하다'라는 뜻의 숙어입니다. 그 아래 you are out late는 '네가 늦게까지 바깥에 있다'라는 말입니다.

한 번만 더 거짓말해 봐
몸을 반으로 접어 버리겠어

네…

Stop bullshitting me.

거짓말 좀 하지 마.

[스탑 불쒸링미]

ID 똥파리

bullshit에 shit(똥)이 들어 있는 것으로 보아 좋지 않은 단어인 것 같습니다.

ID 김형제

번역하자면 '구라'라고 할 수 있습니다. No bullshit.이라고 하면 '구라 치지 마.'입니다. bullshit을 줄여서 BS라고 하기도 합니다만, 썩 좋은 단어는 아니니 정말 친한 친구들끼리만 사용하세요!

Episode #43

컴퓨터가 또 멈췄어

컴퓨터가 경고도 없이 확 멈춰 버렸네요.
큰일 났습니다.
작업은 밀려 있고, 마감은 다가오는데…
아무래도 오늘은 야근을 해야겠네요.

에피소드 필수 표현 미리보기

① froze = 멈췄다(freeze의 과거형)

② annoying = 짜증 나는

③ Files are gone. = 파일이 날아가다.

My desktop froze again.

컴퓨터가 또 멈췄어.

[마ㅣ데스크탒 쁘로ㅈ 어게인]

ID 땡
My desktop is frozen.이라고 하면 안 되나요?

ID 김형제
수동태로 My desktop is frozen.이라고 해도 같은 의미가 됩니다.

I need to replace mine with a new one.

하나 새로 사야겠어.

[아ㅣ니ㄷ투 릐플래ㅣㅆ마인 위ㄷㅓ뉴원]

ID 퓨처샵
표현이 너무 길고 복잡해요.

ID 김형제
짧게는 I need to get a new one. 이라고 말해도 뜻이 통합니다.

으… 짜증!

It's really annoying.

짜증 나 죽겠네.

[잍츠릴얼리어노잉]

ID 김형제

짜증 난다고 할 때 annoying 외에도 irritating이나 vexing을 쓰기도 합니다.

절망

Uh oh, my files are gone.

이런, 파일 날아갔어.

[어 오, 마ㅣ 빠일ㅅ알 건]

ID 쉬즈곤
파일이 날아간 게 gone인가 본데, gone 할 수 있는 것들이 뭐가 있죠?

ID 김형제
gone은 '간', '떠난', '사라진', '없어진' 등의 의미를 가지고 있습니다. 사람, 물건, 추상적인 것들 모두에 대해 쓸 수 있습니다.

Episode #44

잠깐 잠들었어

잠을 설치면 다음날 몸이 너무 피곤하고
잠깐 앉아 있다 보면 졸게 됩니다.
밤에는 또 잠을 설치게 되죠.
이런 악순환이 반복되면 이미지도 안 좋아지죠.
건강관리는 숙면으로부터 시작되는 것 같습니다.

에피소드 필수 표현 미리보기

① insomnia = 불면증

② couldn't sleep at all = 한숨도 못 자다

③ sleep through my alarm = 알람을 못 듣고 자다

I have very bad insomnia.

요즘 불면증이 심해.

[아이 해브 베리 배드 인썸니아]

ID 김형제

insomnia는 '불면증'이라는 뜻입니다. '불면증이 있다'를 have insomnia라고 합니다.

I couldn't sleep at all last night.

어젯밤 한숨도 못 잤어.

[아ㅣ쿠든ㅌ 슬맆앹올 라ㅅㅌ나잍]

ID 김형제

at all은 '전혀'라는 뜻으로, 부정문 또는 의문문에서 사용됩니다. 여기서도 부정어로 couldn't가 나왔죠.

I dozed off for a while.

잠깐 잠들었는데.

[아ㅣ도ㅈㄷ오ㅃ 뽈어와일]

ID 김형제

잠깐 졸거나 가볍게 자는 것을 doze off라고 합니다. 가볍게 누웠다가 4시간을 자 버렸어도 doze off라고 표현할 수 있습니다.

I slept through my alarms.

알람도 못 듣고 잤어.

[아ㅣ슬렢트 뜨루마ㅣ알랆스]

ID 깨거라
잠결에 알람을 꺼 버리는 건 뭐라고 하나요?

ID 김형제

I unconsciously turned off my alarm.이라고 하면 '잠결에 알람을 껐어.'라는 뜻입니다. unconsciously는 '무의식적으로'라는 뜻인데, 자는 도중 하는 행동도 unconsciously로 표현합니다.

Episode #45

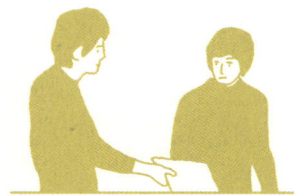

부탁 좀 들어줄래?

'아들~!' 유난히 밝은 어머니의 목소리!
역시나! 두부 한 모 사 오라고 하시네요.
두부 심부름 어릴 적 한 번씩은 해 보셨죠?
두부 사고 남은 잔돈은 항상 제 몫이었죠!

에피소드 필수 표현 미리보기

① **run an errand** = 심부름하다

② **grab me ~** = ~을 내게 가져오다

③ **keep the change** = 잔돈을 가지다

Can you do me a favor?

부탁 좀 들어줄래?

[캔유두미어빼ㅣ벌?]

ID 김형제

Can you do me a favor?보다 더 공손하게 부탁할 때는 Could you do me a favor?라고 하면 됩니다.

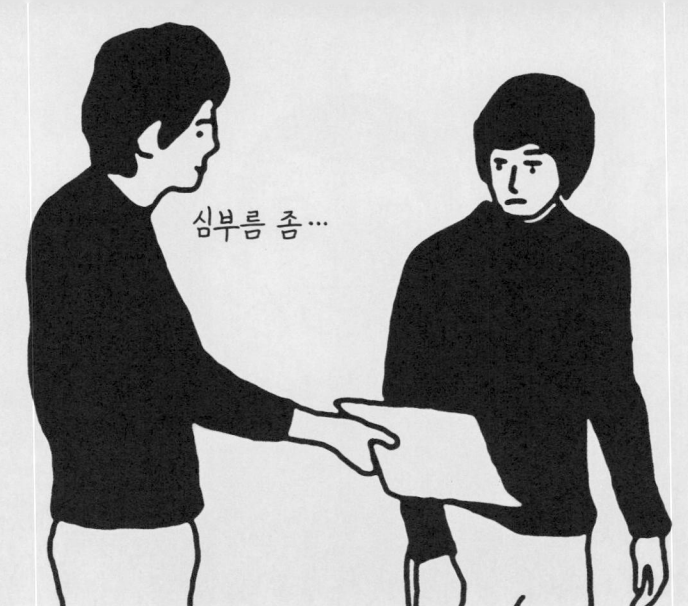

Could you run an errand for me?

심부름 좀 해 줄 수 있어?

[ㅋ우쥬 런언이랜ㄷ 뽈미?]

ID Devilrun
run은 '뛰다'라는 뜻이니까 '심부름 좀 뛸래?'라는 식의 재미난 표현인가요?

ID 김형제
run은 '실행하다'라는 의미를 갖고 있기도 합니다만, 그렇게 기억하면 외우기 쉽겠네요.

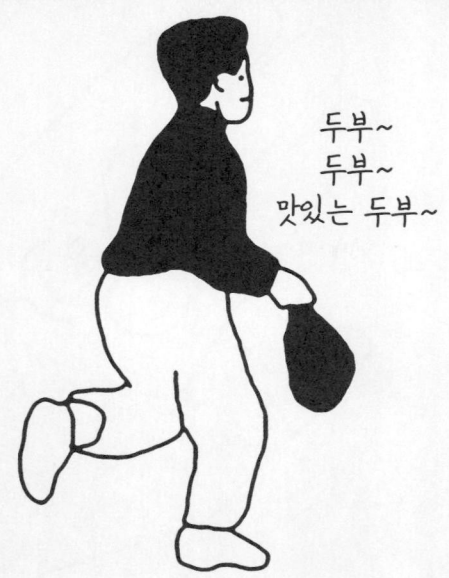

Can you grab me a pack of tofu?

두부 한 모 사 올 수 있어?

[캔유 그래브미 ㅓ팩ㄴ브토뿌?]

ID Full무원

두부가 tofu군요? 한국어 발음하고 비슷하네요?

ID 김형제

두부는 중국에서 유래된 음식으로, 두부의 중국어 발음이 그대로 영단어가 된 것입니다. 한국어 그대로 영단어가 된 것도 있습니다. '포대기'를 podaegi라고 하죠.

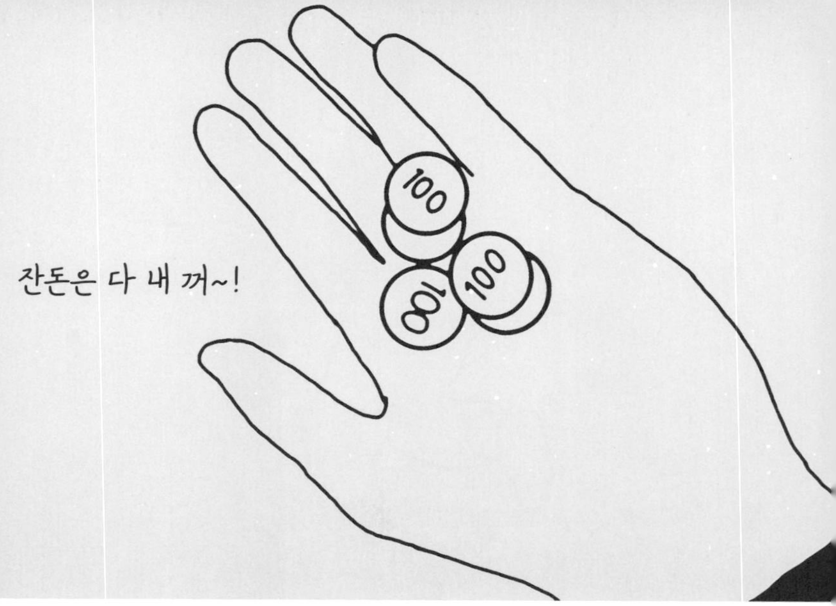

잔돈은 다 내 꺼~!

You can keep the change.

잔돈은 네가 가져.

[유캔킾더채인지]

ID 오락실

'지폐를 동전으로 바꿔 주세요.'라고 할 때는 뭐라고 하나요?

ID 김형제

bill(지폐)을 coin(동전)으로 바꿔 달라는 뜻으로 Could you please change this bill into coins?라고 할 수도 있지만, 보통은 Can you break a bill?이라고 합니다.

Episode #46

혼자 있게 내버려 둬!

일이 내 마음대로 안 풀려서 혼자 있고 싶을 때가 있죠.
동정은 받기 싫고 그렇다고 잔소리는 더더욱 싫고.
이럴 때는 그냥 혼자만의 시간이 필요합니다.

에피소드 필수 표현 미리보기

① Don't look at me. = 쳐다보지 마.

② pity = 동정하다

③ land on my feet = 다시 일어서다

Don't look at me like that.

그렇게 쳐다보지 마.

[돈ㅌ룩앹미 라익댙]

ID 이글아이
모르는 사람이 자꾸 힐끔힐끔 쳐다볼 때 '뭘 꼬나봐?'라고 강하게 쏘아붙이려면 뭐라고 하나요?

ID 김형제
stare(응시하다)라는 단어를 사용해 What are you staring at?이라고 하면 됩니다. 말 그대로 '뭘 봐?'라는 뜻인데, 함부로 사용했다간 시비 붙기 딱 좋은 표현이니 될 수 있으면 쓰지 맙시다.

Don't pity me.

동정하지 마.
[돈ㅌ피리 미]

 ID 일라
여자 친구가 회사에 대해 불평할 때도 여자 친구를 pity하면 되나요?

ID 김형제
pity는 안타까운 상황에 사용하는 단어이지만, 상대방의 자존심을 건드릴 수도 있습니다. 여자 친구에게는 empathy를 보여 주세요. '공감'의 뜻을 가지고 있습니다. 애인이 없는 독자분들, I pity you.

다 나가!
혼자 있고 싶어!
ㅠㅠ

Leave me alone.

혼자 있게 내버려 둬.

[리-ㅂ미어론]

ID LONELY

leave는 '떠나다'라는 뜻 아닌가요? 내가 혼자 떠나다?

ID 김형제

leave가 '떠나다'라는 뜻인 것은 맞지만, 해석하는 순서가 틀렸습니다. '혼자 있도록(alone) 날(me) 떠나 줘(leave)'입니다.

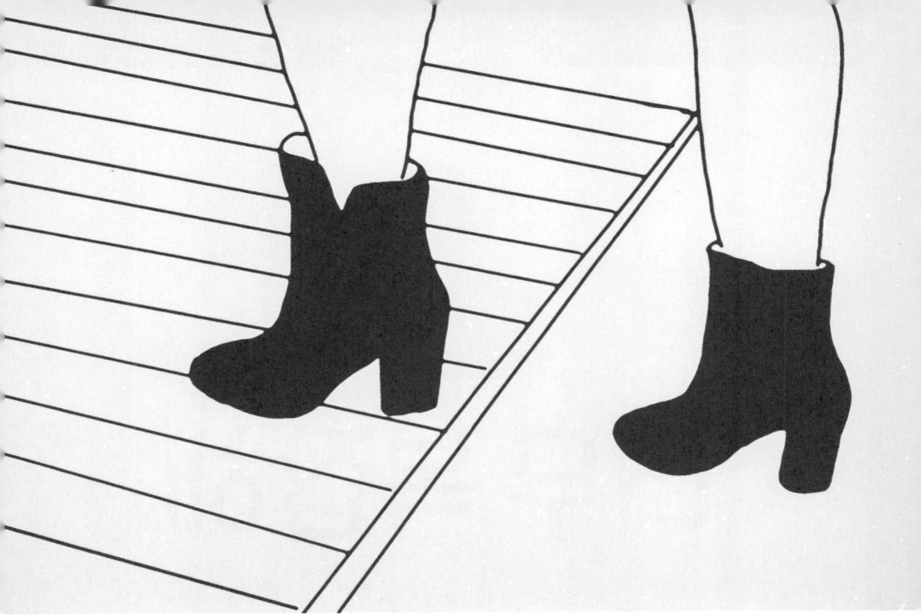

I'll land on my feet.

나 다시 일어설 거야.

[아월 랜ㄷ온마ㅣ쀁]

ID EXGF
'일어서다'는 stand up 아닌가요?

ID 김형제
land on my feet은 어려움을 딛고 다시 원래의 컨디션으로 돌아간다는 뜻의 숙어입니다.

Episode #47

너무 복잡해

간단하게 생각했는데
막상 시작해 보니 상당히 복잡한 일일 때가 있습니다.
일단 받은 일이니 처리는 해야 하는데
어디서부터 시작해야 할지 감도 안 잡히네요.

에피소드 필수 표현 미리보기

① begin = 시작하다

② complicated = 복잡한

③ until later = 그 이후까지

Where do I even begin?

어디서부터 시작해야 하지?

[웨얼두아이 이븐비긴?]

ID 시발점
여기서 even은 무슨 뜻이죠?

ID 김형제
여기서 even은 '도대체' 정도로 해석하면 됩니다. 문장에서 꼭 필요하진 않지만, 강조를 위해 자주 사용되는 단어입니다.

Will it ever end?

끝이 있기는 한 걸까?

[윌잍ㅔ벌엔ㄷ?]

ID 무한무전
ever 대신 never를 써도 되나요?

ID 김형제
never는 부정문에서만 사용되고 의문문에서는 제한된 용법으로만 쓸 수 있어. 이 문장에서는 쓸 수 없습니다.

It's too complicated.

너무 복잡해.

[잍츠 투-컴플리캐ㅣ티디]

ID genius
too 대신 so를 사용해도 되나요?

ID 김형제

써도 됩니다만, 약간 어감이 달라집니다. too를 쓰면 '너무 복잡해서 끝낼 수가 없다', so를 쓰면 '매우 어렵긴 하지만 끝낼 수 있을 것 같다'라는 의미가 됩니다.

안 해!

Let's leave it for later.

나중에 하자.

[렡츠리-ㅂ잍 뽈래ㅣ럴]

ID 김형제

일을 뒤로 미룰 때 자주 쓰는 표현입니다. leave it for later 외에도 leave it until later도 많이 사용합니다. 그래도 영어 공부는 뒤로 미루시면 안 됩니다!

Episode #48

나 입 무거워

'이건 너만 알고 있어야 돼!'
비밀 이야기를 할 때 보통 이렇게 말을 시작합니다.
입이 무거운 친구라고 생각해서 비밀을 털어놓지만,
세상에 비밀은 없답니다.

에피소드 필수 표현 미리보기

1. **stay between us** = 우리 사이에만 있다
2. **for your ears only** = 오직 네 귀에만
3. **make sure** = 확실히 하다

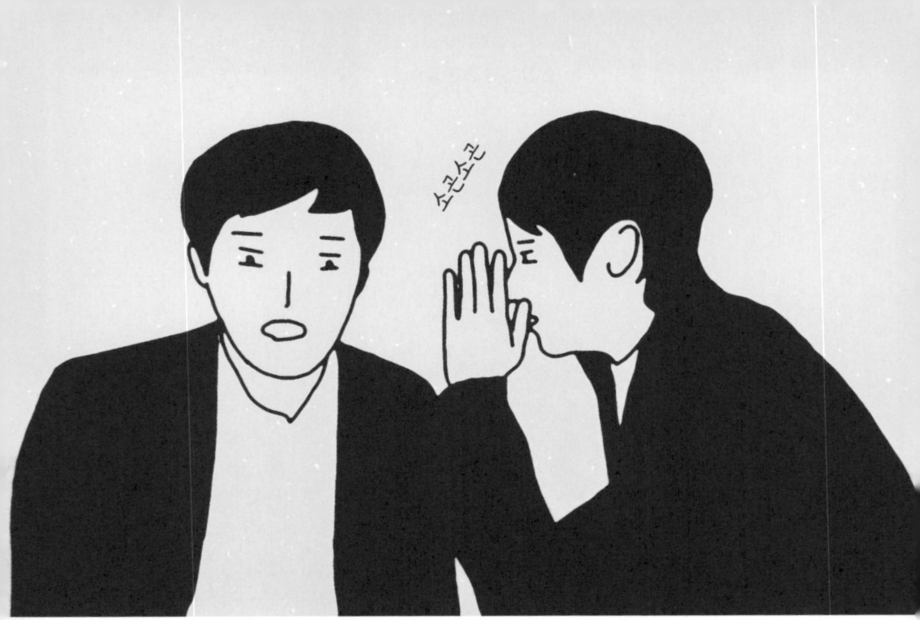

This is for your ears only.

이건 너만 알아야 돼.
[디ㅅ이ㅈ 뽈유얼이얼ㅅ온리]

ID 김형제

for your ears only는 '너의 귀만을 위한 것'이니 '너만 알고 있으라'는 의미이겠죠. 비밀 이야기를 꺼낼 때 자주 쓰는 말입니다.

This just stays between us.

이건 우리끼리만 아는 거야.

[디ㅅ저ㅅㅌ ㅅ태ㅣㅅ 비ㅌ윈어ㅆ]

ID 김형제

이런 말을 하는 친구들은 대개 big mouth를 가지고 있습니다. You have a big mouth.는 '수다스럽다', '입이 싸다'라는 뜻입니다.

Make sure you don't tell anyone.

아무한테도 말하지 마.

[매익슈얼 유돈-텔애니원]

ID 김형제

아무에게도 말을 안 하면 비밀이 지켜지겠지만, 입이 간지럽겠죠?
'입이 간지럽다.'는 I'm itching to tell someone.이라고 합니다.

My lips are sealed.

나 입 무거워.

[마ㅣ 맆ㅅ 알 씨-일드]

ID 맨땅해딩
'입이 무겁다.'고 할 때 My mouth is heavy.라고 하면 안 되나요?

ID 김형제
My mouth is heavy.라고 하면 입술이 특별히 두껍거나 해서 mouth의 무게가 무겁다는 말이 됩니다.

Episode #49

뭐가 이렇게 오래 걸려?

어렵지 않고 가벼운 일이라 생각해서
다른 사람에게 맡긴 일이 아직 완료가 안 됐네요.
급할 때는 재촉을 하게 됩니다.

에피소드 필수 표현 미리보기

1. in a hurry = 급한
2. almost done = 거의 끝나 가는
3. so long = 너무 긴

뭐 때문에 오래 걸리는 거야?

What's taking so long?

뭐가 이렇게 오래 걸려?

[왙ㅊ 테ㅣ킹 쏘롱?]

ID 김형제

좀 더 공손하게 말할 때는 Could you please make it quick?이라고 하면 됩니다.

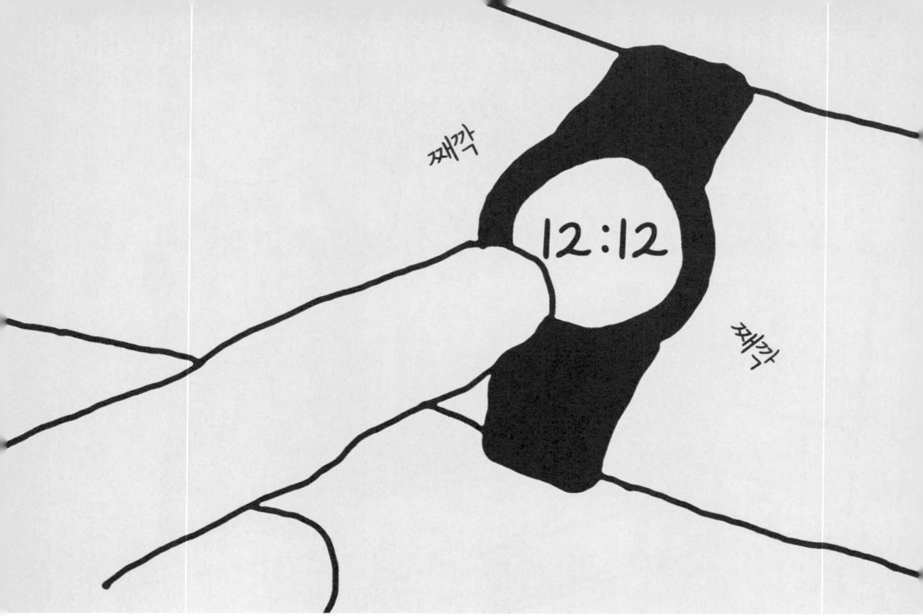

We are in a hurry.

우리 급해.

[위알 인어허릐]

ID 김형제

Haste makes waste.(성급함이 일을 그르친다.)라는 미국 속담이 있습니다. 서두르다 보면 일을 그르치기 마련이죠.

I am almost done.

거의 끝나 가.

[아|앰 얼모ㅅㅌ던]

ID 시험날
I am almost ready.라고 해도 되나요?

ID 김형제

I am almost done.은 '하던 일을 거의 다 했다'는 의미이고, I am almost ready.는 '거의 할 준비가 됐다.'는 의미입니다.

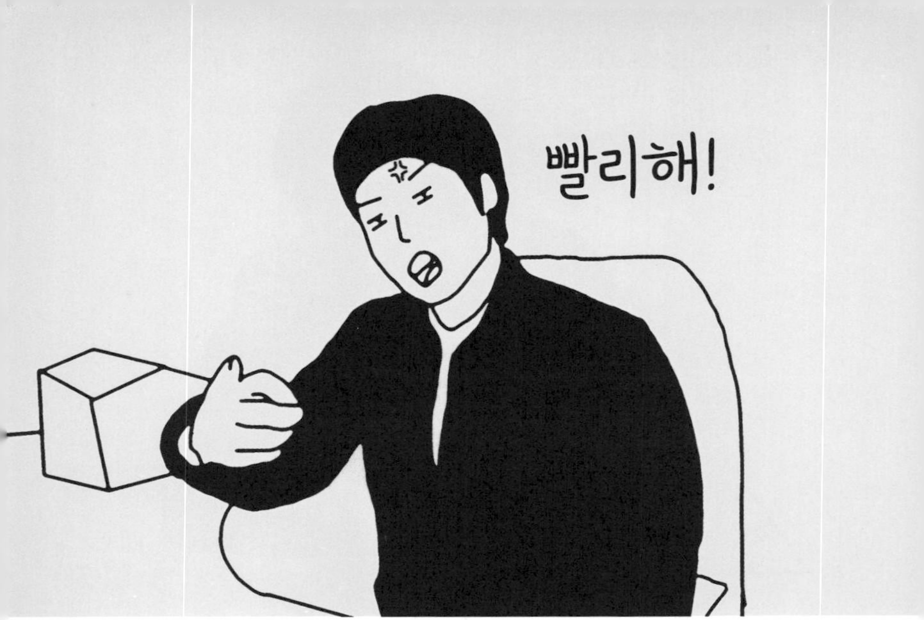

Hurry up!

서둘러!

[허리엎!]

ID 초읽기
hurry와 hurry up의 차이는 뭔가요?

ID 김형제

거의 차이가 없습니다만, Let's hurry.라고 하면 어떠한 일을 '신속하게 하자.'라는 뜻이고, Let's hurry up.이라고 하면 현재 진행 속도가 더디니 '진행 속도를 높이자.'라는 뉘앙스로 들립니다.

Episode #50

맨날 잔소리만 해

'잔소리' 하면 어머니가 생각나지 않나요?
다들 방 청소하라는 말을 많이 듣고 자랐을 것입니다.
나름 열심히 치우는데도
늘 어머니 눈에는 만족스럽지 않게 보이죠.

에피소드 필수 표현 미리보기

1. clean freak = 결벽증, 너무 깨끗한 사람

2. tidy my room = 방을 정리하다

3. satisfied = 만족한

My mom is a clean freak.

우리 엄마는 결벽증이 있어.

[마ㅣ맘 이ᴢ어 클린-쁘릭-]

ID 불효자는웁니다
freak는 욕으로 쓰는 단어 아닌가요?
청소하라고 하셨다고 어머니한테 욕을 쓰긴 좀….

ID 김형제

이 표현에서 freak는 욕이 아니라 clean과 합쳐져서 '결벽증이 있는 사람'이란 뜻이 됩니다. freak는 '괴짜', '이상한 사람'이라는 뜻도 있습니다.

She always nags me to clean my room.

그녀는 항상 방 청소하라고 잔소리를 해.

[쉬 얼웨ㅣㅈ네ㄱ스미 투클린-마ㅣ룸-]

ID 헛소리

잔소리도 계속 듣다 보면 내성이 생기더라고요.

ID 김형제

네. 잔소리를 하셔도 웃어넘길 수 있게 되죠. '내성'은 immunity, '면역 체계'는 immune system이라고 합니다.

I tidied up my room today.

오늘은 방 청소를 했어.

[아이 타이디드 업 마이 룸 투데이]

ID 김형제

tidy는 널브러져 있는 물건들을 정리, 정돈하는 것을 말합니다.
clean(청소하다)과는 다른 뜻이니 구분해서 알아두어야 합니다.

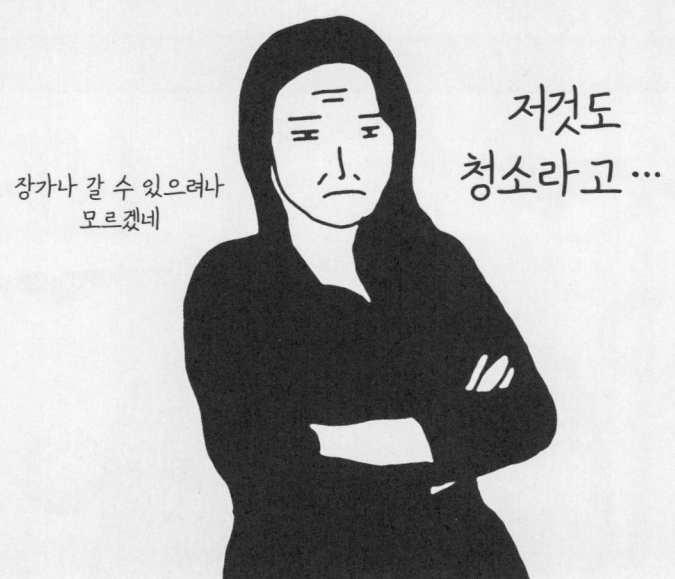

However, she was still not satisfied.

그럼에도 그녀는 여전히 만족하지 못했어.

[하붸벌, 쉬워ㅈㅅ틸낱 새티ㅅ빠ㅣㄷ]

ID 불만0
저도 제 영어에 아직 만족하지 않습니다!

ID 김형제

That's why I am here to quench your thirst for English!

📞 복습 톡톡 1

Hey, you know Derek?
야, 너 데릭 알아?

Of course, I know him. What about him?
당연히 알지. 걔가 뭐?

The way he talks! ① _____
걔가 말하는 방식! 그거 진짜 짜증 나.

Yeah I know what you mean.
무슨 뜻인지 알 것 같아.

② _____
걘 맨날 말만 해.

Yes! ③ _____
어! 맨날 말만 하고 행동을 안 해.

I seriously want him to ④ _____
진짜로 나한테 구라 좀 안 쳤으면 좋겠어.

Do you know what he said last time?
너 걔가 지난번에 뭐라 그랬는지 알아?

Hold on. He is coming.
잠깐. 걔 오고 있다.

---

① It's really annoying. ② He always talks big. ③ He's all talk and no action. ④ stop bullshitting me.

복습 톡톡 2

① Can you do me a favor?
부탁 좀 들어줄래?

Uh… What is it?
음… 뭔데?

② This is for your ears only.
이건 너만 알아야 돼.

Okay. Tell me.
알았어. 말해 봐.

Can you help me write a letter to 김형제?
김형제한테 팬레터 쓰는 거 좀 도와줘.

Again? Ok. It takes around two weeks.
또? 알았어. 2주 정도 걸릴 거야.

③ What's taking so long?
뭐가 이렇게 오래 걸려?

Think before you speak. I'm helping you!
생각 좀 하고 말해. 나 너 도와주는 거거든?

④ Hurry up! His birthday is next week.
서둘러! 다음 주가 그의 생일이야.

---

① Can you do me a favor? ② This is for your ears only. ③ What's taking so long? ④ Hurry up!

복습 톡톡 3

Oh, God. ① My mom is a clean freak.
아 진짜. 우리 엄마 완전 결벽증이야.

② She always nags me to clean my room.
맨날 방 청소하라고 잔소리해.

I wish she would ③ leave me alone.
나 좀 내버려 뒀으면 좋겠어.

Okay. Son.
알았다. 아들.

OMG! Mom! I didn't mean it!
헉! 엄마! 그런 뜻이 아니라요!

④ Let's leave it for later.
나중에 하자.

But Mom…
하지만 엄마….

No buts about it.
핑계 대지 마.

Sorry, Mom. Are you mad at me?
죄송해요, 엄마. 화나셨어요?

---

① My mom is a clean freak. ② She always nags me to clean my room. ③ leave me alone. ④ Let's leave it for later.